大学生の
キャリア発達

未来に向かって歩む

宮下一博 著
Miyashita Kazuhiro

**Career
Development
in University
Students**

ナカニシヤ出版

はじめに

　2008年秋の大不況の到来により，雇用環境は大人ももちろんではあるが，とりわけ青年に関して極めて深刻な状況となっている。昨年は，企業の倒産や企業の業績悪化による大学生や高校生の内定取り消しが大きな社会問題となった。また，いわゆる派遣切りや雇止（やと）め（ど）による失業の問題も大きく報じられた。このような中で，企業は本年度の採用を極端に抑制し，卒業間近になっても内定をもらえない大学生や高校生が非常に多くいるという惨状が広がっている。それぞれが夢や希望を持って学校に入学して一所懸命勉学に励んできたにもかかわらず，卒業の段階になってその後の進路を閉ざされてしまうという信じがたい状況が広がっている。こうした状況は，もう暫（しば）く続くかもしれない。このような社会状況の中で，現代の大学生は，自分の人生に希望を持って生きているのだろうか？　現代の多くの大学生からすれば，あるいはこうした問いかけは，皮肉や嫌味（いやみ）としか感じられないかもしれない。「夢も希望も持てない世の中なのに，ふざけたことを言うな」と怒りをぶつけてくるかもしれない。確かに，そうかもしれない。しかし，前向きのエネルギーを持たない限り，自分の生活や人生の好転もないということも知ってほしいと思う。現代の社会状況は，明らかに異常である。青年の人生を，あからさまに閉ざそうとしているように見える現代の状況は，病理的とさえいえる。企業側も保身に邁進（まいしん）し，社会的責任を放棄しているように見える。しかし，人間を大切にしない企業はやがて消滅する。

　一度，立ち止まって冷静に考えてほしい。現代の状況は，ずっと続くものであろうか。いや，そうではない。現代のような人間を人間扱いしないような状況は，決して長続きなどしない。近い将来，

i

はじめに

必ず良い方向に変貌を遂げていくはずである。現代の大学生には，元気をなくして，自らの歩みを止めるということは絶対してほしくはない。そうではなくて，そうした変化を促進させるためのエネルギーを，社会に向けてどんどん注入してほしい。大学生は，そのような可能性を持っているはずである。

　本書は，6章から構成されている。第1章では，キャリア発達のプロセスを記述したいくつかの理論が紹介されている。自らのこれまでの人生ならびに今後の人生について考える糸口にしてほしいと思う。第2章では，代表的なキャリア発達の促進要因が記述されている。参考になるものがあれば，自ら積極的に行動を起こしてほしいと思う。第3章では，著者が考える，現代の大学生のキャリア発達を妨害するいくつかの特徴について記述している。これらを説教と捉えるのではなく，改めて自己を見つめつつ今後のさらなる飛躍に向けてのきっかけにしていただければと思う。第4章では，キャリア発達に影響を与える外的環境について記述がなされている。様々な要因がキャリア発達に影響を与えていることを再確認し，前向きにかつ謙虚に生きることの大切さに気づいてほしいと思う。第5章では，キャリア発達を捉えるためのいくつかの方法論を紹介している。ぜひ自分の現状について把握され，今後の歩みに役立てていただければと思う。最後の第6章では，大学生以後の人生を中心に，キャリア発達の営みが紹介されている。キャリア発達とは，単なる職業面の発達にとどまらず，人生そのものの発達であることをしっかりと認識していただければと思う。本書は，現代の大学生に，人生に立ちはだかる困難に負けずに，自らの生き生きとしたキャリアを進めてほしいという願いのもとに執筆されている。本書を読み進め，力強く自らの未来を切り拓いていってほしいと思う。

　なお，本書は，大学生を対象としたものであるが，十分大学院生や短大生，専門学校生にも読んでいただけるものである。大勢の方々に読んでいただければ望外の幸せである。

　最後に，本書の企画から執筆，編集に至るまで，数々の有益なご

指摘とご支援をいただいた，ナカニシヤ出版編集部の宍倉由高氏，山本あかね氏に心よりお礼申し上げたい。

2010 年 5 月　宮下一博

目　次

はじめに　*i*

1 キャリア発達のプロセス ────── 1
1. ギンズバーグの理論　1
2. スーパーの理論　3
3. ハーシェンソンの理論　6
4. 広井の理論　10
5. サビカスの理論　11
6. 著者の考え　14

2 キャリア発達の促進要因 ────── 19
1. 親子関係　19
2. 友人関係・仲間集団　23
3. モラトリアムの活用　28
4. キャリア教育（進路指導）　32

3 現代の大学生のキャリア発達の問題点 ────── 43
1. 自己吟味の欠落　43
2. 頻繁な志望変更　46
3. 資格至上主義　49
4. フリーター志向　52
5. 新入社員の未定着　56
6. チャンスを待つ力の欠如　60
7. モラル・マナーの問題　61

4 キャリア発達と外的環境 ———————————— 65
1. 昨今の状況　65
2. 青年の生活への影響　70
3. いつか来た道（バブル景気とバブル崩壊）　77
4. 時代の中を生きる人間　82

5 キャリア発達の捉え方 ———————————— 87
1. 進路・職業未決定　87
2. 職業アイデンティティ　98
3. 人生全体のキャリア発達　103

6 キャリア発達を基盤に人生を乗り切る ———————— 109
1. 大学でのキャリア教育　109
2. キャリアデザインの重要性と起業　114
3. 大学生のキャリア発達の状況　118
4. 成人期の確かな歩み　121
5. 希望に満ちた人生　125

索　引　131

1 キャリア発達のプロセス

「キャリア」には,大別して2つの意味がある。一つは,いわゆる「進路」や「職業」という意味合いが,もう一つは「生涯の生き方」という意味合いがある。いずれにしても,「仕事」や「職業」を基盤にしながら,人生を乗り切るという内容の概念を意味していると考えられる。

このようなキャリアの発達に関しては,数多くの研究者が理論化を行っている。ここでは,その代表的なものとして,ギンズバーグ(Ginzberg, E.),スーパー(Super, D.E.),ハーシェンソン(Hershenson, D.E.),サビカス(Savickas, M.L.)を,さらにわが国の広井(広井甫)の理論について紹介することともに,著者の考えを提示することとしたい。

1. ギンズバーグの理論

ギンズバーグの理論の概要を,表1-1に示す。これによると,ギンズバーグの理論は大別して3段階から構成されている。

初めの段階は,「空想期」であり,およそ6〜11歳の時期に相当する。この段階は,子どもが大人の役割の中に自分を想像し,自由気ままに自分の将来の職業について思いを巡らせる時期である。「プロのサッカー選手になりたい」「ケーキ屋さんになりたい」などと,自由に夢を語るのである。子どもがこの段階に思い描く職業は,多くの場合,非現実的で実現不可能なものであるが,夢を持ちながら人生を送るという観点から,非常に重要と考えられる。これらが,次の段階以降で徐々に洗練され,現実に根を下ろしたものへと変貌

1 キャリア発達のプロセス

表 1-1 ギンズバーグによる職業選択の発達段階 （内藤，1991 による）

発達段階	時　　期	説　　明
A 空想期	6～11歳ごろ	大人の役割の中に自分を想像する。そのとき同一視される役割は，自分の感情的必要性と，自分にとってのその人物の大切さによって変わり，空想的・非現実的選択の時期である。
B 暫定期	11～18歳ごろ	将来の職業を決定するという課題を認識する時期である。職業選択という課題への取り組み方で，この時期はさらに以下の4段階に分けられる。
1 興味段階	11～12歳	自分の興味が職業選択の主要な基準となる。
2 能力段階	12～14歳	種々の職業はそれぞれ異なった能力を必要とすることを認識するようになり，自分の能力について考え，能力に基づいた選択を試みるようになる。
3 価値観段階	15～16歳	自分なりの価値基準が形成され，それを基準として職業選択を試みるようになる。
4 移行段階	17～18歳	現実的な外的条件（例：就職競争率）や環境に対する考慮（例：家庭の状況）が深まり，選択の規定要因は自分の興味や能力，価値観だけではないことを認識するようになる。
C 現実期	18～22歳ごろ	自己の特徴と社会経済条件とはときに対立し，その結果，両者の間の調整・妥協が行われる時期である。この時期もさらに3段階に分けられる。
1 探索段階		これまでの経験を用いて，まだ決定的になっていない選択を総覧したり，探索してみる。
2 結晶化段階		探索の結果，特定の職業領域に関心が集中し，それに向かって，将来の計画を立て始める。
3 特殊化段階		選択した特定の職業に対して具体的に検討を深める。

を遂げていくのである。第2段階はおよそ11～18歳に相当する「暫定期」であり，前段階とは異なり現実的に職業を方向づけていく段階である。この段階は，さらに4つの下位段階（興味段階，能力段階，価値観段階，移行段階）に区分され，職業選択の基準の中心をそれぞれ「興味」，「能力」，「価値観」に置く時期を経て，現実の外的条件や自らの置かれている環境なども考慮できる段階に到達する。つまり，自分の興味や関心，考え方などを十二分に吟味し，次のいよ

いよ実際に職業選択・決定を行う「現実期」に備えるのである。「現実期」は，18〜22歳頃の時期に相当し，多くの職業の中から自分に適した職業を見つけ，職業決定を行う段階である。この段階は3つの下位段階（探索段階，結晶化段階，特殊化段階）に区分される。「探索段階」は，多くの職業の中から自分の将来の進路を模索する段階，「結晶化段階」は，それらの中からいくつかの職業に絞り込む段階，「特殊化段階」は，具体的な職業を特定し決定する段階である。

この理論は，青少年がじっくりと職業選択を行うプロセスを記述しており評価できるが，成人期以降の段階が記述されていない点は，やや不十分といわざるを得ない。

2. スーパーの理論

ギンズバーグの理論は，青年期までを理論化したものであるが，スーパーの理論は，それ以降のすべての人生段階をも含めて理論化がなされている。スーパーの「職業的発達に関する12の命題」を表1-2に示す。また，これらを基盤に構成したスーパーの職業的発達段階を表1-3に示す。

スーパーの理論は，5段階から構成されている。第1段階は，児童期や青年前期が中心となる「成長段階」である。この段階は，ギンズバーグの第1段階（空想期）にほぼ対応する段階で，子どもが自己概念の構築とともに職業に対する積極的な態度を培う時期である。第2段階は，青年中期から成人前期に至る「探索段階」である。この段階は，ギンズバーグの第2段階（暫定期）と第3段階（現実期）を網羅する段階であるが，この段階はさらに3つに下位区分（試みの時期，移行の時期，実践試行の時期）されている。この段階は，自分の希望する職業のイメージを作り始める時期から，その中から徐々に自分に適する1つの職業に絞り，アルバイトなどを通して試しにそれを実際に行ってみるという段階である。この試行を通して，

その職業を続けるか否かを決定することになる。第3段階は，成人前期から40歳代半ばに至る「確立段階」である。この時期は，職業に対する方向づけを決定し，その職業に就き，その職業で経験を積んでいく段階である。この段階は，「実践試行の時期」と「昇進の時期」という2つに下位区分されている。これに続く第4段階は，維持段階（40代半ばから退職まで）であり，これまでの職業生活を保持していく段階，最後の第5段階は，「下降段階」（65歳以降）

表1-2 スーパーの職業的発達に関する12の命題（内藤，1991による）

(1) 職業的発達は，常に前進する継続的な，そして一般的にはもとにもどることのできない過程である。

(2) 職業的発達は秩序ある1つの型を持った，そして予測できる過程である。

(3) 職業的発達はダイナミックな過程である。

(4) 自己概念は青年期以前に形成され始め，青年期においてしだいに明確になり，青年期において職業的なことばに置き換えられる。

(5) 現実的な要因（自己の個人的特徴という現実と社会という現実）は，青年前期から成人へと年齢が増すにつれて，職業選択上ますます重要な役割を占めるようになる。

(6) 親あるいはそれに代わるべきものとの同一視は，年齢に応じた役割の発達，役割間の一貫した調和のとれた人間関係の発達，職業計画や偶発的なできごととを通して行うそれらの役割についての解釈の発達に関係を持つ。

(7) 1つの職業水準から他の水準への上下移動の方向と速度は，知能，両親の社会経済的な水準，地位上の欲求，価値観，興味，人間関係での技能，経済界における需要と供給の状態などに関係を持つ。

(8) 個人が入っていく職業分野は，その個人の興味，価値観，欲求，親またはそれに代わる役割モデルに対して行う同一視，利用した地域社会の文化的資源，学歴の水準と質，住んでいる地域社会の職業構造，職業動向，及び職業に対する態度に関係がある。

(9) それぞれの職業は，能力，興味，性格特性についてそれぞれ特徴的型を要求するが，そこには十分な許容性があり，同じ職業にもいろいろな人が従事できるし，1人の人間が異なる職業に従事できる。

(10) 職業上の満足や生活上の満足は，個人が自分の能力，興味，価値観，性格特性に対するはけ口を，仕事の中で見出す程度によって決まる。

(11) 個人が仕事から得る満足度は，自己概念の実現程度に比例する。

(12) 仕事や職業はほとんどの男女にとって人格構成上の焦点となる。一部の人ではこの焦点が周辺的・偶然的であったり，まったく存在しなかったりすることもある。また社会的活動や家庭などが中心的な焦点になることもある。

2. スーパーの理論

表 1-3　スーパーの職業的発達段階（内藤，1991 による）

発達段階	時期	職業的発達段階	説明
A 成長段階	児童期 青年前期	自分がどういう人間であるかということを知る。職業世界に対する積極的な態度を養い，また働くことの意味についての理解を深める。	1つの役割を果たすこと（しばしば尊敬する成人や友人に自分を同一化する結果として）により，また学校や自由時間，その他の活動によって児童は自分は何がうまくやれるか，何を好むか，他の人と自分はどんな点で違うかということを理解し，このような知識で自己像というものをつくりあげる。
B 探索段階 1 試みの時期	青年前期 青年中期	職業についての希望を形づくっていく。	自分に適切だと思う職業の水準や分野について，おおまかな予想を立てていく。
2 移行の時期	青年後期 成人前期	職業についての希望を明らかにしていく。	学校から職場へ，あるいは学校から高等教育機関に移行する。その際おおまかな予想をある1つの選択へと絞っていく。
3 実践試行の時期	成人前期	職業についての希望を実践してみる。	暫定的な職業について準備し，またそれを試みることによって，それが生涯にわたる自分の職業となるかどうかを考える。その職業経験はまだ準備的なもので，その経験によって，積極的にその職業を続けるか他の分野に進むかが考えられる。もし他の分野を考えるようになれば，改めてその他の分野が何であるかとかその職業に対する方向づけを行っていかなければならない。
C 確立段階 1 実践試行の時期	成人前期から30歳ごろまで	職業への方向づけを確定し，その職業に就く。	必要な機能や訓練経験を得て，一定の職業に自分を方向づけ，確立した位置づけを得る。今後起こる職業についての移動は1つの職業内の地位，役割，あるいは雇用場所の変化が主になる。
2 昇進の時期	30歳代から40歳代中期	確立と昇進。	その後経験を積み，輩下を得，また能力を高めることによって，その地位を確かなものにし，また昇進する。
D 維持段階	40歳代中期から退職まで	達成した地位やその有利性を保持する。	若年期が，競争が激しく新奇な発想の豊富なのに比べて，この時期は，現状の地位を保持していくことに，より力が注がれる。
E 下降段階	65歳以上	諸活動の減退と退職。	人びとは，やがてくるかまたは実際に当面する退職にあたって，その後の活動や楽しみを見出すことを考え実行していく。

であり，職業生活からの引退と，その後の生活への適応を試みる段階である。

このスーパーの理論は，ギンズバーグでは取り上げられていない成人期以降の職業発達についても記述されており，人生全般における職業発達を記述しているという点で，評価できる。ただ，次に紹介するハーシェンソンの理論は，人間の職業発達は乳幼児期から始まるとする斬新な理論で，この点はスーパーの理論では全く議論がなされていない。

3. ハーシェンソンの理論

ハーシェンソンの職業発達段階論を，表1-4に示す。

表1-4を見れば分かる通り，ハーシェンソンの理論は，エリクソン（Erikson, E.H.）の心理・社会的発達理論（ライフサイクル理論）に基づいて理論構成がなされており，職業発達を人間の人生全体の発達に当てはめて考えていることが，その大きな特徴となっている。

表1-4 ハーシェンソンの職業的発達段階論 (鑪ら，1995による)

職業的発達段階	エネルギーの用いられ方	職業の様式	職業と関係する問いかけ	エリクソンの段階
社会的羊膜段階	意識 (awareness)	存在すること (being)	私は存在するのだろうか	信頼
自己分化段階	統制 (control)	遊び (play)	私は誰なのだろう	自律性 自発性
有能性段階	方向づけ (directed)	作業 (work)	私には何ができるのだろう	勤勉性
独立段階	目標志向 (goal-directed)	職業 (occupation)	私は何をしようか	アイデンティティ
積極的関与段階	投与 (invested)	天職 (vocation)	私がすることは私にとってどんな意味があるのだろう	親密性 世代性 統合性

3. ハーシェンソンの理論

参考までに、エリクソンの理論の概要を表1-5に示す。

ハーシェンソンの理論の第1段階は、「社会的羊膜段階」と呼ばれる。この段階は、エリクソンの発達理論の第Ⅰ段階（信頼 対 不信）、ならびに第Ⅱ段階（自律性 対 恥，疑惑）をまたぐ段階で、

表1-5 エリクソンによる個体発達分化に関する理論的図式 （鑪ら，1995）

段階	A 心理・社会的危機	B 人格的活力	C 重要な対人関係の範囲	D 社会価値，秩序に関係した要素	E 心理・社会的行動様式	F 儀式化の個体発生	G 心理・性的段階
Ⅰ 乳児期	信頼 対 不信	希望	母親的人間	宇宙的秩序	得る，見返りに与える	相互的認知	口唇期
Ⅱ 幼児前期	自律性 対 恥，疑惑	意志	両親的人間	"法と秩序"	つかまえ，はなす	善悪の区別	肛門期
Ⅲ 幼児後期	自発性 対 罪悪感	目的	核家族的人間	理想的原型	ものにする（まねる），らしく振舞う（遊ぶ）	演劇的	エディプス期
Ⅳ 学童期	勤勉性 対 劣等感	有能感	近隣，学校の人間	技術的要素	ものを造る（完成する），ものを組み合わせ組み立てる	遂行のルール	潜伏期
Ⅴ 青年期	アイデンティティ 対 アイデンティティ拡散	忠誠	仲間グループ，グループ対グループ・リーダーシップのモデル	知的，思想的な将来の展望	自分になり切る（あるいはなれない），他人が自分になり切ることを認め合う	信念の共同一致	性器期
Ⅵ 成人前期	親密性 対 孤立	愛情	友情，異性，競争・協力の相手	いろいろな型の協力と競争	他人の中に自己を見出す，見失う	世代継承的認可	
Ⅶ 成人期	世代性 対 停滞性	世話	分業と共同の家族	教育と伝統の種々相	存在を生む，世話をする		
Ⅷ 老年期	統合性 対 絶望	英知	"人類""私のようなもの"（自分らしさ）	知恵	一貫した存在を通して得られる実存，非存在への直面		

人間が出産を経てこの社会に生を受け，人生のスタートラインに立った時期に相当する。つまりハーシェンソンは，人間の誕生をもって職業発達が開始されると考える。この段階は，人間はまだ「意識」も不十分で，言葉の使用もままならず，自己の体も十分にコントロールできないが，周囲の人々との関わりなどを通して，この社会に存在するという無意識的な実感を得ようとしていると考える。それこそが，職業発達の原点になると考えるのである。

　子どもは，やがて大人になり，社会を中心的に支える存在となっていくが，職業発達の原点となるこの段階では，（無意識的に）この社会における自己の存在の確認の作業を念入りに行っていると考えるわけである。ハーシェンソンは，職業発達とは無縁と考えられる，このような人間の人生の最早期から，人間の職業発達に向けた歩みが始まると考えている。

　ハーシェンソンの第2段階は，「自己分化段階」と呼ばれる。この段階は，エリクソンの第Ⅱ段階（自律性 対 恥，疑惑）と第Ⅲ段階（自発性 対 罪悪感）を含む段階である。この段階は，親のしつけや遊びなどを通して，子どもが自己を発達させ，自己コントロールや自己と他者の区別を発達させるとともに，自分の存在について意識的に考え始める段階と捉えている。「私は誰なのだろう」という問いかけの中に，自己を社会的に位置づけようとする作業が内包されているとともに，自己の存在の意味や他者と異なる特徴を見いだそうとするような，将来的に職業を方向づけるような営みも内包されていると考えるのである。

　ハーシェンソンの第3段階は，エリクソンの第Ⅳ段階（勤勉性 対 劣等感）に対応しており，「有能性段階」と呼ばれる。この段階における子どもは，学校での交友関係や教師との関係，地域社会の人々との関係などを通して，自己の有能性（勤勉性）の感覚を発達させていく。「私には何ができるのであろうか」という問いかけは，職業的自立を目指す上で非常に重要なものであるが，近い将来，社会における生産者になっていく子どもにとっては，必要不可欠な問

いと捉えているのである。自分は人とどこが異なるのか、自分の長所や特徴は何なのか、自分は何をしている時が充実しているのか等々、自分の日常や時折は人生にも目を向けながら、子どもは自分の可能性を模索していくのである。

ハーシェンソンの第4段階は、「独立段階」であり、これはエリクソンの第Ⅴ段階（アイデンティティ 対 アイデンティティ拡散）に対応している。この段階は、ここに至るまでの職業発達を基盤にして、実際に自分に適する仕事や職業を決定する段階である。しかし、その道程(みちのり)は決して平坦ではない。「私は何をしようか」という問いかけは、数多の職業の中から、自分が好きな職業、あるいは自分ができそうな職業、自分が得意とする職業などを自ら選択することを意味しており、容易な作業ではない。試行錯誤や自問自答を繰り返しながら、一歩一歩職業発達の階段を上っていくのである。ここに至って職業発達は一つの区切りを迎えるが、この段階は、あくまでも実際の職業生活の出発点であり、その実質的な発達は、その後の段階に委ねられることとなる。

ハーシェンソンの最後の段階（第5段階）は、「積極的関与段階」と呼ばれ、エリクソンの成人前期以降の3つの段階（第Ⅵ段階：親密性 対 孤立，第Ⅶ段階：世代性 対 停滞性，第Ⅷ段階：統合性 対 絶望）を全て含む段階である。この段階は、自分が選択・決定した職業に一定のエネルギーを注ぎ仕事に打ち込んでいく段階である。職業生活は、それ自体が人間の人生の重要な一側面であり、自分の人生にとっての職業の意味なども感じ取りながら、職業生活は継続される。「私がすることは私にとってどんな意味があるのだろう」という問いかけは、それを如実に物語るものである。

ハーシェンソンの理論は、職業発達の出発点を「誕生」に置き、その生涯発達を論じている点は、職業というものの発達の本質を突いており、卓越したものと考えられる。しかし、成人期以降を1つの段階としてまとめてしまったのは簡略化し過ぎで、その辺りのより綿密な具体化が課題となるのではないかと考えられる。

4. 広井の理論

わが国における有力な理論として，広井の職業的発達段階の概要を表1-6に示す。

広井の理論は，大別して，「前職業期」と「職業的発達期」という2つの段階から構成されている。「前職業期」は，13歳頃までの年齢に相当する時期であり，子どもが職業を考え始める準備段階の

表1-6　広井の職業的発達課題（柳井，2006による）

発達課題（試案）		年齢	学年	生徒・父母の考える	
発達段階	発達課題			発達段階	発達課題
前職業期　社会的啓発期	・社会事象への関心や理解を深める ・社会的な活動に広く参加する	小4 10 5			
前職業期　自己開発期	・探索的試行経験を豊かにもつ ・個性の自覚を高める ・個性の伸長・開発を図る ・個性と進路との関係を考え始める	11 6 12 中1 13		（女）選択準備期	・将来の進路・職業について考え始める ・進路・職業について学ぶ ・将来の進路・職業について希望をもつ
職業的発達期　探索期（前試行期）	・進路・職業について学ぶ ・自己理解をさらに深める ・将来への展望を明確化する ・暫定的に職業をきめ現実吟味を繰り返す	14 2 3 15 高1 16		（男）選択準備期	
職業的発達期　試行期	・暫定的な決定を学校・職場での経験をもとに吟味する ・職業観の確立を図る ・人生観の確立を図る ・方向を変えるならばこの時期に考える ・キャリアについて考え始める	17 2 3 18 (大) (1) 19 (2) 20 (3) 21		職業準備期 経済的独立性	・将来の職業をきめる ・職業技術を学ぶ ・職業観を確立する ・職業的自立を図る ・経済的自立を図る ・家庭を持つ
職業的発達期　定着期	・その職業での定着を図る ・将来の進歩への基礎を固める ・経済的に独立する	(4) 22 (院) (1) 23 (2) 24 (3) 25			

時期,「職業的発達期」は,14〜25歳頃までの年齢に対応する時期で,職業への現実的な営みが開始され始め,その歩みが確かなものとなるまでの時期である。「前職業期」は,さらに「社会的啓発期」(10歳頃まで)と「自己開発期」(11〜13歳頃まで)という2つの下位段階に区分される。「社会的啓発期」は,様々な社会事象に関心を持ち,社会的な活動に参加するなど,自己を社会的な存在として認識し始める時期,「自己開発期」は,様々な探索的な試行を行うことにより自己の個性を認識し,それを発達させる時期である。また,「職業的発達期」は,「探索期(前試行期)」(14〜16歳頃まで),「試行期」(17〜21歳頃まで),「定着期」(22〜25歳頃まで)という3つの下位段階に区分されている。「探索期」は,進路や職業について学び,自己の将来展望を明確にしていく時期,「試行期」は,自分が決定した進路や職業を学校や職場で吟味するとともに,職業観や人生観のさらなる充実を図る時期,「定着期」は,職業の定着を図るとともに,今後の人生に向けた確かな歩みを確立する時期である。

この広井の理論は,ギンズバーグと同様,狭義の「職業」に焦点を当てた発達理論である。わが国独自の理論として興味深いが,現代においては,より人生全体を見渡すかたちでの発達理論が必要とされているのではないかと考えられる。

5. サビカスの理論

サビカスの理論は,職業発達の理論というよりも,スーパーの理論をベースにしながら,他のいくつかの諸理論をも加味し,キャリア構築の支援という観点を中心にまとめられたものである。このサビカスの理論の概要を,表1-7に示す。

堀越(2008)は,サビカスの理論の要点を,次のようにまとめている。「サビカスは,スーパーの理論を統合するにあたり,21世紀の世界経済において発生したキャリアについての新しい問題を理論

1 キャリア発達のプロセス

表 1-7　サビカスのキャリア・アダプタビリティの次元（堀越，2008 による）

キャリア質問	キャリア問題	アダプタビリティ次元	態度と信念	能力	対処行動	関係性の見方	キャリア介入
私に未来はあるのか？	無関心	関心	計画的	計画能力	認識, 関与, 準備	依存	方向づけの学習
誰が私の未来を所有しているのか？	不決断	統制	決断的	意思決定能力	主張, 秩序, 意志	自立	意思決定訓練
私はみずからの未来をどうしたいのか？	非現実性	好奇心	探求的	探索能力	試行, リスクテーキング, 調査	相互依存	情報探索活動
私はそれを実現できるか？	抑制	自信	効力感	問題解決能力	持続, 努力, 勤勉	対等	自尊心の確立

のなかに組み入れた。それは，個人がアイデンティティを失わずに，どのように変化する組織や職業と折り合いをつけていくかという問題である。今日の労働者は，グローバルな労働力の移動や職業のリストラクチャリング，多文化的な指揮命令系統に直面して，アイデンティティの混乱を感じている。サビカスは，特定の組織に長くとどまって貢献することを前提とするのではなく，組織や職業の変化を前提として，柔軟性を重視したキャリアの構築を目指す必要性を強調している。」確かに，21 世紀に入り，労働環境は著しい変貌を遂げた。経済のグローバル化の進展に伴ってリストラや雇用の流動化も多々生じている。しかし，この傾向は今後もずっと続くのであろうか？　筆者は，この点に大きな疑問を抱いているが，ここはひとまず，サビカスの理論を紹介することとしたい。

表 1-7 の最も左の欄に，「キャリア質問」が位置づけられている。これは，各自が自分のキャリアについて考える際に，自問自答する問いであるとされており，「私に未来はあるのか？」「誰が私の未来を所有しているのか？」「私はみずからの未来をどうしたいのか？」「私はそれを実現できるか？」という 4 つの問いが並んでいる。これら 4 つの問いにより，「自分の未来に対する関心－無関心」「自分の未来に対する統制－不決断」「自分の未来探索に対する積極的好

奇心−非現実性」「自分の願望の実現に対する自信−抑制」という，表1-7の「アダプタビリティ（適応）次元」ならびに「キャリア問題」を構成する内容を捉えることができる。その際，これらの問いに対する肯定的反応が「アダプタリティ次元」，否定的反応が「キャリア問題」の欄に位置づけられている。また，このそれぞれの「アダプタビリティ次元」は，それに関連する「態度と信念」「能力」から構成されている。例えば，「私に未来はあるのか？」という問いに「アダプタビリティ次元」の反応が得られた場合には，「計画的」「計画能力」という態度と信念や能力がうまく機能していることを意味する。逆に，「キャリア問題」の反応が得られた場合には，これらがうまく機能していないことを意味する。そして，これらにより，それぞれ「対処行動」が形成されていく。さらに，「キャリア介入」は，「キャリア問題」を抱えている状態の人に対して行う，介入の内容を示している。なお，「関係性の見方」とは，それぞれの「キャリア質問」に対応するかたちでの対人関係の中核的なありかたを意味しており，また，「アダプタビリティ次元」が，「関心」から「自信」へと順次発達していくにつれて，「依存」から「対等」へと発達を遂げていくことを示している。

　このように，サビカスの理論は，キャリア発達とそれに対応したキャリア支援のあり方をセットにして示したものである。「キャリア質問」を適宜利用しながら，「アダプタビリティ次元」の査定を通して各自のどこに問題があるのかを把握し，「キャリア介入」のあり方を考えていくことができる。例えば，「キャリア問題」で「無関心」の状態にある人には，「方向づけの学習」というかたちで介入を行う，また，「アダプタビリティ次元」で「関心」の感覚は十分に持っているものの，「キャリア問題」において「不決断」の状態にある人に対しては，「統制」の感覚を育むために「意思決定訓練」という介入を行うなどである。

　このサビカスの理論の適用範囲は，職業の問題が現実化し始める思春期・青年期以降の青少年や大人が中心ということになるが，

1 キャリア発達のプロセス

「キャリア介入」に関しては,あまりマニュアル化して考え過ぎないことも大切なことと考えられる。人間の個性は極めて多様であり,その点を考慮することも重要と考えられるからである。

6. 著者の考え

ここまで,5つの理論を紹介してきたが,次に,著者が考える職業発達のプロセスについて述べてみたいと思う。その職業発達段階を,図1-1に示す。

著者は,これまでの自分自身の経験や大学での教育経験,これま

段階　　下位段階

充電期
- 自-他分化段階
- 現実遊離段階
- 想像段階

滑走期
- 漠然とした方向づけ段階
- 具体的方向づけ段階
- 現実的方向づけ段階

離陸期
- 自己決定段階
- 自己専念段階
- 社会的定着段階

充実期
- 自己展開段階
- 自己納得段階
- 成熟段階

完成期
- 離職段階
- 内面化段階
- 統合段階

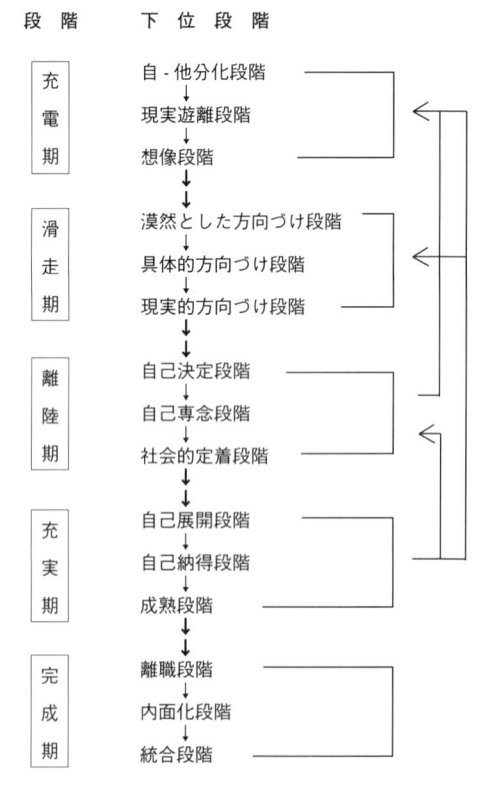

図1-1 著者の職業発達段階

でに提出された諸理論などに基づいて，5段階からなる職業発達段階を提唱する。それらは，「充電期」「滑走期」「離陸期」「充実期」「完成期」の5段階である。これらの段階は，年齢とのおおよその対応はあるものの，「滑走期」以降の段階では，より以前に戻るというかたちでの複雑なやり直しも想定されている。例えば，大学生時代に「滑走期」まで到達していたものの，諸般の事情で，卒業後に「充電期」に逆戻りしてしまったり，「充実期」にあった人が，リストラに遭ったために「滑走期」に戻ってしまうなどである。また，これらは，それぞれ3つの下位段階から構成されている。つまり，「充電期」は「自－他分化段階」「現実遊離段階」「想像段階」の3つ，「滑走期」は「漠然とした方向づけ段階」「具体的方向づけ段階」「現実的方向づけ段階」の3つ，「離陸期」は「自己決定段階」「自己専念段階」「社会的定着段階」の3つ，「充実期」は「自己展開段階」「自己納得段階」「成熟段階」の3つ，「完成期」は「離職段階」「内面化段階」「統合段階」の3つである。なお，これら5つの段階の，各々3つ目の下位段階は，「他者の観点との調和」という要素が内包され，その意味で最も発達した下位段階として位置づけられている。職業発達は個人的な発達のプロセスと考えられがちであるが，他者との関係性が失われた発達は決して健全なものにはなり得ないと考えられるからである。また，これらの発達段階は基本的に年齢に伴って進行するという一方で，年齢とは独立に定義されているというのも特徴の一つである。例えば，成人だからといって特定の段階以降に位置づくというのではなく，極端な場合には，「充電期」（いずれかの下位段階）に位置づいてしまうことすらある。このように，この発達段階は，非常に複雑な内容と構成を持っているわけである。

第1段階の「充電期」は，およそ乳児期から小学生頃までの年齢段階に対応する。この段階は，職業発達の基礎をなす人格的な成長を心に刻んでいる段階である。「自－他分化段階」は，自分が他者とは物理的・心理的に異なる存在であることを（無意識的に）認識する段階，「現実遊離段階」は，好き勝手に思いつきの願望を語っ

ている段階(例:ミッキーマウスになりたい,ドラえもんになりたい),「想像段階」は,親とのコミュニケーションなどをしつつ,自分の夢を自由にイメージしている段階(例:サッカー選手になりたい,タレントになりたい)である。

第2段階の「滑走期」は,およそ中学生から大学生・大学院生の年齢段階に対応する。この段階は,徐々に職業生活に目を向け始め現実的に可能かつ自分に適した職業を心の中に強くイメージ化していくまでの段階である。学校での進路(キャリア)教育も本格化するが,「漠然とした方向づけ段階」は,自分の希望や願望とともに,次第に見えてくる自分の特徴や個性,親の期待などを考慮しつつ,漠然と職業を思い浮べる段階,「具体的方向づけ段階」は,「漠然とした方向づけ段階」でイメージ化したもの(あるいは,この段階になって新たに願望として出現したもの)の中からいくつかのものについて,アルバイトをしたり自己探求を行うなどの具体的な吟味を行う段階,「現実的方向づけ段階」はいくつかに絞られた進路について,現実的な実現可能性の吟味を行うとともに,親の承認などの他者の要因も考慮しながら,自己の進路の方向性を見つめる段階である。

第3段階の「離陸期」は,およそ大学や大学院卒業・修了から,実際に職場で働き始め,その職場の中で,ある程度安定した居場所を確立するまでの時期に対応する。「自己決定段階」は,実際に職場を決定し,そこで働き始める段階である。専業主婦・主夫の場合や,起業等で会社を興した人の場合もここに含めて考える。「自己専念段階」は,職場での自分の仕事に熱心に携わり,そこでの人間関係等も経験しながら,職業人としての実質的なスタートラインに立った段階である。「社会的定着段階」は,その職場で一定の仕事を経験し,職場内で一定の居場所を確保するとともに,そこで働く他の人々との間に信頼関係が確立される段階である。なお,この「社会的定着段階」で強い挫折感や自らの希望により離職をしたり,リストラに遭ったりした場合には,これより以前の段階に戻って,再

度，やり直しが行われることになる。

　第4段階の「充実期」は，職業生活が新たな展開の局面を迎え，その深化が行われる段階である。「自己展開段階」は，経験に裏打ちされた自信の感覚が芽生え始め，その仕事をさらに深く探求したり，その範囲を拡大していく段階である。「自己納得段階」は，仕事をすることに大きな喜びを感じたり，毎日の生活の中で生き生きとした感情を感じる段階である。これにより，自分が人生を力強く生きているという実感を得ることができる。「成熟段階」は，職場での人間関係や後進の育成，社会貢献などを通して，さらに職業生活が充実していく段階である。

　第5段階の「完成期」は，職業生活からの引退を経験し（但し，専業主婦・主夫の場合には，明確な引退の時期はないが），その後の人生を展開させていく段階である。「離職段階」は，定年等により職業生活から引退する段階である。この段階でいわゆる職業生活は終えることになるが，これまでの経験を深く心に刻んだ上で，家庭や地域社会での生活を中心に据えることにより，さらに充実した人生を進めていく。「統合段階」は，自己のこれまでのすべての人生経験を踏まえて，自分の人生に対する満足感や幸福感，他者への感謝の気持ちなどに満たされる段階である。これが，自己の「キャリア」の完成にほかならない。

　以上，キャリア発達に関する6つの理論（考え）の紹介を行った。これらのどれが正しくてどれが間違っているということもない。ぜひ自分に適したものを見つけて，自らの人生に役立てていただければと思う。

引用文献

堀越　弘　2008　マーク・サビカス：キャリア構築理論　渡辺三枝子（編著）　新版　キャリアの心理学　ナカニシヤ出版　pp.173-197.
内藤勇次（編著）　1991　生き方の教育としての学校進路指導　北大路書房

1 キャリア発達のプロセス

鑪幹八郎・山本 力・宮下一博（共編） 1995 アイデンティティ研究の展望Ⅰ ナカニシヤ出版
柳井 修 2006 キャリア発達論 ナカニシヤ出版

2 キャリア発達の促進要因

　キャリア発達は，実に複雑な要因との関係を経て，徐々に進行していくが，ここでは，親子関係，友人関係・仲間集団，モラトリアムの活用，キャリア教育（進路指導）の4点から，その促進要因について検討を加えたいと思う。

1. 親子関係

　子どもは，親から誕生し，家庭生活を経て徐々に自立を遂げていく以上，親子関係のあり方は，子どものキャリア形成に重要な影響を与える。親は，子どもからすれば，最も身近に存在する大人であり，自分の将来を思い描く際の，キー・パーソンの一人となる。Ochiltree（1990）も，青年は，対人関係や個人についての問題に関しては両親と友人の双方に相談するが，人生における重要な価値については両親から取り入れているという内容の指摘を行っている。また，塚野（2000）は，「青年の職業選択には，親の価値観や希望が影響している。日本では母親の希望は，おおむね高望みせず，教師や会社員，公務員などの安定した職業などにあり，現在の青年たちが職業選択の際に取る安定志向と関係している。家庭や親の影響は，特に女子青年において大きいことが指摘されている。大学生の場合，両親から性別役割的行動のしつけを受け，所属する階層が高く，両親とも娘の職業継続を望まないとき，娘は専業主婦を志向する。しかし，両親から性別役割の行動を積極的に奨励されなかった娘は，職業選択でも女性役割にとらわれないことが明らかにされている。また，職業をもつ母親は娘に対して経済的・社会的自立を

奨励する傾向がみられる」と述べている。塚野の指摘は，女子青年にウエイトを置いた記述になっているが，男子青年の場合でも，父親を中心とする親の影響が大きいことが推測される。さらに，田中・小川（1985）は，教師や医師，専門的・技術的職業などにおいて，子どもが親の職業を継承する傾向がみられ，子どもに対する親の継承期待に子どもが応える傾向があるとともに，子どもにとって親が職業的な生き方のモデルになっていることなどを指摘している。

　また，直接キャリアの問題を扱ってはいないが，青少年の自立と親子関係との関連を検討した研究も幾つか見受けられる。例えば，Grolnick & Ryan（1989）は，子どもの自立に対して支持的な親の養育態度が，子どもの自立を促進させることを報告している。高坂・戸田（2005）も，青年が家族機能を肯定的に認識しているほど，青年の自立が高いことを報告している。自立の問題は，青年のキャリア形成の中核的な内容と重なるものであり，親が青少年を囲い込むのではなく，彼らの背中を押すという親の態度や，家庭の雰囲気を健全に保つというような親の姿勢が，青少年の自立にとって重要であることが示されているのではないかと考えられる。

　ところで，岡本（1999）は，「家族発達プロセスに見られる課題と危機」（表2-1）として，夫婦関係，親子関係の生涯発達について詳細に記述を行っている。

　岡本の第Ⅰ段階（新婚期）は，結婚して夫婦となり，第1子が誕生するまでの時期である。この段階の主要な心理的課題としては，「夫婦双方がそれぞれの出生家族から，物理的・心理的に分離し，一つの統合体として夫婦システムを構築する」「性関係を通じて，夫婦間の親密性を深めるとともに，家族計画の面で，合意に達する」「経済的に自立し，収支の責任を分担する」の3点があげられる。第Ⅱ段階（出生・育児期）は，第1子の誕生から第1子の就学までの時期であり，「夫婦の2者関係から子どもを含めた3者関係へ家族システムを再編する」「増大する経済的負担の調整」「育児によって増大した家庭内役割の分担」「親役割の受容」という4つの主要

1. 親子関係

表 2-1 家族発達プロセスに見られる課題と危機 (岡本, 1999)

発達段階	主要な心理的課題	顕在しやすい夫婦間の危機
Ⅰ 新婚期 (結婚から第1子誕生まで)	1. 夫婦双方がそれぞれの出生家族から,物理的・心理的に分離し一つの統合体としての夫婦システムを構築する。 2. 性関係を通じて,夫婦間の親密性を深めるとともに,家族計画の面で,合意に達する。 3. 経済的に自立し,収支の責任を分担する。	・自立と依存,権利と義務の葛藤。(性的不適応,家庭内役割の不適応,職業的不適応など)
Ⅱ 出生・育児期 (第1子の誕生から第1子の就学まで)	1. 夫婦の2者関係から子どもを含めた3者関係へ家族システムを再編する。 2. 増大する経済的負担の調整。 3. 育児によって増大した家族内役割の分担。 4. 親役割の受容。	・親役割への不適応。 ・「思春期」的目標と現実目標との葛藤。
Ⅲ 拡大期 (子どもが学童期の時期)	1. 子どもの自立性と家族への所属感・忠誠心とのバランスが適切であるようにつとめる。 2. 子どもに期待しすぎて重荷を感じさせることがないように,また何も期待しないことで悲しませることがないように,親子間のバランスを維持する。 3. 親として子どもとの心理的な分離にともなう不安や心配に対応する。 4. 家族システムにおける親子間の境界や親子のまわりの境界の変化に適応する。	・個々人の目標と家族目標の不一致と葛藤。 ・妻の生活領域の拡大にともなう葛藤。
Ⅳ 充実期 (子どもが10代の時期)	1. 親子関係における自立と責任と制御の面で,基本的信頼感を損なわずに,親子関係を再規定する。 2. 夫婦がそれぞれのアイデンティティを見直し,老年期へ向けての心理的な準備を始める。	・夫婦関係の再認識にともなう葛藤。 ・さまざまな次元での対象喪失にともなう不適応と葛藤。 ・更年期の混乱にともなう葛藤。 ・夫の「自己価値」の認識にともなう葛藤。
Ⅴ 子どもの巣立ち期 (第1子の自立から末子の自立まで)	1. 親子の絆を断つことなく,親と子が分離する。 2. 2人だけの夫婦システムの再構成。	・対象喪失にともなう葛藤。 ・衰退への不安。 ・老後の生活安定への志向をめぐる葛藤。
Ⅵ 加齢と配偶者の死の時期	1. これまでの生活体験を総括し,自分たちの生涯を意味深いものとして受容する。 2. いったん分離した子どもの家族との再統合。	・子どもの家族との再統合をめぐる葛藤。

な課題が存在する。これらの2つの段階は、夫婦が家族の基盤形成を行っている段階であり、親子関係という観点でいえば、親が子どもに対してしつけを中心とする関わりを行い、子ども自身の自立の営みを援助している段階と考えられる。続く第Ⅲ段階(拡大期)は、子どもが「学童(児童)期」の時期に相当し、主要な課題としては、「子どもの自立性と家族への所属感・忠誠心とのバランスが適切であるようにつとめる」「子どもに期待しすぎて重荷を感じさせることがないように、また何も期待しないことで悲しませることがないように、親子間のバランスを維持する」「親として子どもとの心理的な分離にともなう不安や心配に対応する」「家族システムにおける親子間の境界や親子のまわりの境界の変化に適応する」の4点があげられる。第Ⅳ段階(充実期)は、子どもが10代の時期に相当する。この時期の主要な課題としては、「親子関係における自立と責任の制御の面で、基本的信頼感を損なわずに、親子関係を再規定する」「夫婦がそれぞれのアイデンティティを見直し、老年期へ向けての心理的な準備を始める」という2点が存在する。これら2つの段階のうち、特に第Ⅳ段階は、キャリアを始めとして、子どもが自立を目指していく時期であり、家族内でも積極的にその支援を行っていく必要がある。その時期の課題として、「基本的信頼感を損なわずに親子関係を再規定する」という内容があるが、これは、子どもが自立していく上でコミュニケーションを基盤とした親子関係の重要性を指摘しているのではないかと考えられる。第Ⅴ段階(子どもの巣立ち期)は、第1子の自立から末子の自立までの時期である。この時期の心理的課題としては、「親子の絆を断つことなく、親と子が分離する」「2人だけの家族システムの再構成」の2点があげられる。最終の第Ⅵ段階(加齢と配偶者の死の時期)の課題としては、「これまでの生活体験を総括し、自分たちの生涯を意味深いものとして受容する」「いったん分離した子どもの家族との再度統合」の2つが存在する。この第Ⅴ段階は、子どもが実際に自立を遂げる時期であり、いわば子どもの自立に向けた親子関係が完成を迎える時期と考えられる。

さて、子どものキャリアを始めとする自立に親が果たす役割を考える時、エリクソン（Erikson, E.H.）の発達論の第Ⅶ段階が参考になる。エリクソンの第Ⅶ段階は、成人期後期であり、いわば「親」の時期に相当する。この段階の心理・社会的危機は「世代性 対 停滞性」であるが、これは、親自身の発達にとって、次の世代を育むということが重要であることを意味している。親は、最も身近な存在としての自身の子どもの自立への援助を行うことにより、自らの成長をも獲得することができるが、もし「世代性」が発揮できない場合は、「停滞性」というかたちで、自分自身の人生の収縮感を体験してしまうということになりかねない。つまり、親はこの時期に、子どもに適切に関わることによって、親自身も成長していくことができるのである。

このように、親子関係のあり方は、子どものキャリア形成を始めとする自立に大きな影響を与える。言い換えれば、親の適切な関わりなしには、健全なかたちでの子どもの自立はありえないとさえいえる。親が、自分自身の人生をしっかりと子どもに見せつつ、徐々に、そして確実に子どもの背中を押していくことが求められると考えられる。

2. 友人関係・仲間集団

宮下（1995）は、青年期における友人関係の意義として、①自分の不安や悩みを打ち明けることにより、情緒的安定感（安心感）が得られること、②自己を客観的に見つめられること、③人間関係が学べること、という3点を指摘している。特に、このうちの②は、自己の人生を創り出していく上で、非常に有益な内容を含んでいると考えられる。なぜなら、青年は、とかく自分が考えていることが正しいという思い込みを持ってしまう傾向があるが、これだけではなかなか人生がうまく進みにくいという現実がある。自己の考えを友人に聞いてもらい、意見等をもらうことができるとすれば、自己

の思いや考えを再確認したり，修正していく機会が得られることになる。青年期は，自己の価値観や信念を形成していくことが必要であるが，友人の存在は，その吟味や成長に非常に大きな影響を与えるわけである。また，職業を中心とするキャリアの形成に関しても，友人からの意見や助言を得ながら進めていくことができるとすれば，より自信をもったかたちで人生を進めていくことができるし，あるいは時には，それを軌道修正しながら，より充実した人生を送っていくことができる可能性がある。自己を客観的に見つめるという作業は，自分一人ではなかなか難しい。友人などの他者との関わりを経験することにより，初めて可能となるものである。特に青年期は，友人との関係を深めていくことにより，自己の人生の針路も見えてくるし，それがより確かなものとなるといえる。

　一方，宮下（1995）は，青年期における集団ないし仲間集団の意義に関連して，次のように述べている。「エリクソンは，有名なアイデンティティ理論の中で，青年期の人格的活力（basic virtue）として，『忠誠（fidelity）』をあげている。この人格的活力とは，自我を支える力を意味し，青年のアイデンティティを背後から支える力にほかならない。青年期の人格的活力である忠誠とは，集団というものを強く意識した用語である。忠誠とは，自分に忠実であり，自らに自己関与していること，そして自分の考えや信念に強くコミットしていることを指すが，これは，自らにとって重要な集団との関わりなしには達成され得ない。重要な集団との関わりや仲間との連帯感を通して，自らの考えや信念を確認・修正し，忠誠を獲得した状態が存在して初めて，アイデンティティが達成されたと考えられるのである。」すなわち，青年が自己のアイデンティティを強化していくためには，仲間集団を始めとする集団の存在は極めて重要なものといえるのである。

　このように，友人や仲間集団の存在は，青年が自分自身の人生を構築していく上で，重要な役割を果たすが，次に，その点についてもう少し議論を加えてみたいと思う。

2. 友人関係・仲間集団

　Coleman & Hendry（1999）は，「（青年の）若者集団への参加は，自己を制御するようになることや，大人としてのアイデンティティを構築するために必要である」こと，「親密な友達集団は，性格や共同行動に対する選択やお互いの好みによって発展する。そして，ある意味で，青年中期に若者が選択したアイデンティティを再確認することを可能にする。さらに，自分が選んだ集団の価値を認知し，受け入れることを可能にする」こと等を指摘している。また，「親密な対人関係は青年期に欠くことができないということである。友達は，お互いに理解すること，率直であること，信頼し受容することを求める。加えて，情緒的，社会的な欲求が充足され，問題は解決される。その過程では平等なやりとりが要求されるので，アイディア，感情，考えを交換し，意見や評価を出し合うことを通して，社交的な世界を理解する上で友達が重要である。発達の最終的な目標は個性的であると感じられることであるが，他者と結びついていると感じられることでもある」とも述べ，青年の人格形成に与える親密な友人関係の重要性について，論じている。さらに，Coleman & Hendry（1999）は，青年に対する友人関係や仲間集団の影響のまとめとして，「両親やその他の大人がつねに認識しているわけではないが，青年期の友達および仲間集団は，発達にとってとくに重要な役割を果たしている。友達は児童期でも重要であるが，青年期では若者が家族の外に社会的支持を求めるようになるので，いっそう重要になる。加えて友達集団は，別の価値観や意見をもたらし，流行や趣味の有益な指標を与える。仲間はまた，社会的スキルの発達の場となり，アイデンティティ形成を中心的な側面で促す」と述べている。このように，青年が，自らの現在の地固めを行い，将来的な自己の人生の歩みを進めていく上で，充実した友人関係や仲間集団との関係を経験することが重要なことは，確かなことといえるであろう。

　次に，青年を対象とした，友人関係と自立との関連を検討した研究を幾つか取り上げてみたいと思う。Koestner & Losier（1996）は，

自立と仲間とのアタッチメントとの間に有意な正の関係がみられることを報告している。また，岡本・上地（1999）は，中学生と高校生を対象とした研究により，青年の同性の友人との親密な関係が，親からの自立を促すという結果を見出している。落合・佐藤（1996）は，青年の友達とのつきあい方についての研究を行い，6つの類型を見出した。第1の類型は，友達に対して本音を出さず自分のありのままの姿を見せない「自己防衛的なつきあい方」，第2は，どの人とも同じように仲良くつきあっていたいという「全方向的なつきあい方」，第3は，互いの考えに違いがあっても，迷ったり自信をなくすことなく友達とつきあっていく「自己自信のつきあい方」，第4は，たとえ傷つくことがあるとしても，友達と本当の姿を見せあい，互いに分かりあおうとする「積極的相互理解のつきあい方」，第5は，まわりの友達と同じでいたいという「同調的なつきあい方」，第6は，友達みんなから愛され，好かれていたいという「被愛願望のつきあい方」である。この6つの類型について，中学生から大学生の発達的変化を検討したところ，中学生から大学生にかけて得点が増加していくのは，「積極的相互理解のつきあい方」であること，逆に概ね中学生から大学生にかけて得点が減少していくのは，「同調的なつきあい方」，「全方向的なつきあい方」，「自己防衛的なつきあい方」であることなどが見出された。これらのうち，「自己防衛的なつきあい方」は閉ざされたかたちのつきあい方，「全方向的なつきあい方」と「同調的なつきあい方」は拡散したかたちのつきあい方であり，発達的な減少傾向が示されていることからも，自立との関連でいえば負の関係があるものと予想される。その一方で，「積極的相互理解のつきあい方」は，友達と深く親密に関わるつきあい方であり，発達的な増加傾向が示されている通り，自立とは正の関連があるものと予想される。友人たちと，このような積極的かつ親密なつきあいを深めていくことにより，青年の自立は確実に進行するし，必ずやキャリアを始めとする自己の将来に対する展望も開けていくに違いない。逆にいえば，未熟な友人関係を続けていく限り，

青年の人生はどんどん閉ざされ縮小していってしまい，希望に満ちた将来が描けなくなってしまう可能性も考えられる。

　ところで，児童期の友達は「生活の友達」と形容されるのに対して，青年期の友達は「心の友達」と呼ばれることがある。一般に青年は，発達とともに友達を厳選していく傾向が顕著になっていく。特性や感じ方・考え方，人生の目指す方向の類似性などを吟味しつつ，自分に適した友人を探し，友人関係を深めていく。児童期までとは違い，表面的な特徴よりも，その人の内面に目を向け，友人関係を展開する。青年期の友人は，その人の生涯にわたる友人となる場合も多いが，その背景にはこのような理に適(かな)った理由があるわけである。つまり，青年期に形成した友人関係は，その人のその後の人生においても継続していくことが多いが，例えば，Miller & Ingham（1976）は，情緒的に健全な人と密接な友人関係を有する人は，人生の危機に直面した際に，抑うつや疾病(しっぺい)，自殺などが少ないことを報告している。青年期に形成した親密な友人関係は，その人のその後にわたる人生（まさに，広義のキャリア）に，プラスの影響をもたらすと考えられるのである。人間は，誰も一人だけでは健全な生活を営むことはできない。家族はもちろんのこと，豊かな友人関係が得られない場合には，人生の様々な時期における危機に圧倒され，活力に欠ける人生が展開してしまうおそれがある。

　筆者も，このような経験をしたことが多々ある。例えば，これまでに仕事量の多さなどから，何度か今の仕事を辞めたいと思ったことがあるが，そのような時に，随分，親友に話をして励ましを受けたり，支えてもらったりしたことがある。それがあったからこそ辛抱ができ，冷静にここまで自分のキャリアを進めてくることができたのではないかと思う。おそらく，その友人がいなければ，今の自分はなかったのではないかとさえ思うことがある。親しい人間でなければ，いざという時に，そのようなややこしいことに付き合ってくれるはずもない。当然，友達はお金では買えない。友達以外でも，お金では買えないものが沢山あるが，人間の人生においては，その

ようなものの方が意味のある場合が多い。逆にいえば，お金で買えるものは，物質的な満足は与えてくれるものの，十分な精神的満足を与えてくれるものは，それほど多くはないといってよいのかもしれない。

このように，友人や仲間を得ることは，現在のみならず，将来的な自己の人生を支えるものとして，重要な意味を持っていると考えられる。

3. モラトリアムの活用

概ね大学生の時期を称して心理・社会的モラトリアム，略してモラトリアム期と呼ぶことがある。「モラトリアム（moratorium）」とは，心理学者エリクソンの用語であるが，もともとは，債務や債権などの決済や支払いを一時的に停止・猶予するという意味の経済学用語である。エリクソンは，この概念の意味内容を拝借するかたちで，青年の心理状態を記述するものとして転用した。

この「モラトリアム」の問題に関しては，宮下・杉村（2008）において，現代の日本社会では「完全形骸化」した旨の指摘がなされたが，高校生までの極端な入試競争が一段落した大学生にあっては，今後の人生をじっくり考える時間が必要であるし，大学生時代には，やりようによってはある程度そのような時間が確保できるのではないかと考えられる。

高校生までは，自分自身の歩みについてほとんど何も考えずに，ただエスカレーター式に前へ進むという人生を送ってきた人も多いことだろうと思う。つまり，受験競争を勝ち抜くために，ひたすら受験勉強に励み現在に至っている人や，現代における入試方法の多様化（AO入試や推薦入試など）を活用して，とりあえず入れそうな大学に入学したという人も多いことであろう。しかし，理由はともかく大学生になったからには，学習（勉強）はもちろんのこと，そこでの生活を充実させ，自己の近い将来とともに今後の自分の人

生について少しずつ考えていくことが必要になる。それは，近い将来の職業決定ということにとどまらず，結婚生活や家庭生活をも視野に入れたものになることであろう。

　現代の大学生の中には，大学さえも自己の人生のただの通過点として捉え，将来のための資格取得に邁進(まいしん)したり，早くから就職活動に励んだりする者もいるが，それだけでは「モラトリアム」を十分活用していることにはならない。焦りばかりが先行して，自問自答をすっかり忘れ，ただ時流に流された生活に終始してしまっているようでは，その人のその後の人生の歩みに不安が残る。そうではなくて，大学生の時期にじっくりと自分のことや自分の今後のことについても考え，地に足をつけた歩みの基盤づくりをしておいてほしいと願うものである。これが，「モラトリアム」の活用ということにほかならない。

　杉村（2008）は，自己のアイデンティティを育むために，大学生の時期にやっておくべきこととして，次の8点を指摘している。①学問，②読書，③友情と恋愛，④他者に自分を語る，⑤人生経験，⑥自己の価値観や信念の吟味，⑦進路について考える，⑧経験を生かす。これらを十全に行うことが「モラトリアム」の活用ということに繋がるが，これらについて，もう少し具体的に検討を加えてみようと思う。

　①の「学問」についてであるが，これは大学生の本分であるし，授業に出席したり，専門を深めるということは，ごく当たり前の行動といえる。大学の授業は，専門別に構成されていることが多いが，「モラトリアム」の活用という観点からすれば，自分が選んだ専門について深く学び，その知識を吸収するとともに，様々な試行錯誤を行いつつ，自らその内容を学び取るという姿勢が重要である。もちろん，専門は何でも構わない。専門を広くかつ深く探求していくことは，真理の探求の必要性とともに，自己の視野を広げるきっかけになることが多い。「学問」の中にどっぷりとつかり，知的好奇心を持って，その世界を楽しんでみてはいかがであろうか。

また，②の「読書」については，特に乱読をお薦めする。もちろん専門の本もいいが，専門外のものも読んでみるとよい。小説や随筆，ミステリーなど色々なものに接するとよいと思う。こうして，日々の喧騒(けんそう)に溢(あふ)れた生活から少し距離を置いて，非現実的な空想や別世界のありように目を向けてみるのも悪くない。この作業が，直接的・間接的にその人の生き方や考え方に影響を与えることもある。時に，のんびりと読書を行い，その世界を楽しむことにより，心の充電を行うこともできる。携帯電話やパソコンの時間を少しだけ削って，読書に勤しんでみてはいかがであろうか。

　③の「友情と恋愛」であるが，この両者は人が人生を過ごす上で，非常に大切な要素である。先にも述べたが，青年期に得られた「友情」は，その人の生涯を通じて役立つものであるし，「恋愛」は，大学生がいずれ構築していく家庭の重要な基盤になる可能性もある。また，様々な人間関係を経験することは，その人の自己理解や他者理解を促進させ，自己の成熟に深く寄与するという面も考えられる。友達との友情を深めたり恋愛関係に邁進していくことも，「モラトリアム」の活用に該当する行動といえる。

　④の「他者に自分を語る」ということは，自己をより明確にさせる行為として，有意義と考えられている。自分の見方や考え方を人に言葉で示すことは，それ自体が自己表明にほかならないが，言葉にすることによって自らその矛盾点などに気づいたり，あるいは他者から様々な意見や感想をもらうことにより自己の客観化を可能にすることもある。また，自分を語るという行為が，他者とのコミュニケーションを円滑にするという場合もあるが，これは，③の「友情と恋愛」の問題とも繋がる内容である。友情や恋愛では，「お互いに自分を語り合う」ことが，必要不可欠な作業になるからである。

　⑤の「人生経験」に関しては，杉村（2008）では，クラブ・サークル，アルバイト，余暇の3つが取り上げられている。クラブ・サークルでは，人間関係の学習とともに，自己の価値観や適性の吟味を行うことができるし，アルバイトについては，自己の職業的な適性につ

いて具体的に見つめることや，職業世界のありようを実感を持って知ることを可能とする。また，余暇に関しては，人生のリフレッシュという観点から重要であるし，人生を余裕を持ちながら進めるという意味からも，大切なことと考えられる。大学生活といえども，本分である「学業」のみに専念しているだけでは，生活は充実しない。常に生活のバランスを考えていかないと，その人の生活パターンは長続きしないし，長い人生を乗り切ることは難しい。たまには，レクリエーションや旅行などをしながら人生を楽しみ，自分の現在や今後について考えてみるのも妙案と考えられる。

　⑥の「自己の価値観や信念の吟味」については，これまでにも述べた「読書」や「友情と恋愛」，「人生経験」などの繰り返しによって，徐々になされていくものではあるが，できるだけ多くの人と関わり多様な意見に接したりすることによっても促進されることがある。例えば，ゼミや学科の教員と話をしたり，自分が価値を置く事柄について，その領域の専門家の話を聞くことなどもよいであろう。ただし，大学生時代に自己の明確な価値観や信念を持つというのは容易なことではないことから，決して焦る必要はない。大学時代は，むしろその準備段階，あるいは，それらのことについて考え始める段階という捉え方でよいであろう。しかしながら，自己の価値観や信念を形成していくということは，その人の今後の人生を考える時に，非常に重要な要素であり，これを持たずにいる人たちは，場合によっては根なし草のような人生を送ることに繋がってしまう可能性がある。自己のキャリアを充実させていくためにも，大学生時代から考え始めてもらいたいと思う。なお，大学生の価値観に関しては，宮下（1994）等を参考にしながら，考えていただければと思う。

　⑦の「進路について考える」は，直接的にキャリアの問題と関係する内容であるが，この点については自己の大学卒業後の就職先のことを考えるだけではなく，その後の人生についても思いを巡らせておくことが重要である。そうでないと，大学卒業後の就職先をいとも簡単にやめてしまうということも起きるし，何らかの事情でそ

こを離職するあるいは離職せざるを得なくなった場合に，自分がどうしたらよいのか全く分からないという状況に陥ってしまう可能性がある。自分がどのようなキャリアを志向したいのか，今後の人生をどのように展開させていこうとしているのかという点について，じっくり考えを深めておいてほしいと思う。

⑧の「経験を生かす」という点に関しては，自己の成長の歩みは，決して直線的に進むわけではなく，様々な経験の積み重ねの中で徐々に進行していくという点をきちんと理解しておくことの重要性を指摘したものである。上の①〜⑦までの様々な経験や自己理解の成熟のための様々な作業を行ったとしても，それがすぐに明確なかたちで結果としてあらわれるとは限らないし，時には，いくら頑張っても，それがキャリア形成の作業には繋がらないという場合もある。しかし，たとえ目には見えなくとも，このような作業を諦めずに進めていくことにより，自己の内面の充実は確実に進行する。いざという時にパニックに陥って，人生を後退させてしまう，あるいは人生を台無しにしてしまうリスクを考えれば，むしろ大学生の時期に，このような経験蓄積の作業を行っておくことが大切なことと考えられる。「転ばぬ先の杖」とでもいえるだろうか。

このように，「モラトリアム」の活用は，自己の人生の歩みを確かなものにするために，重要なことではないかと考えられる。現代の教育システムは，中学に入学したら次は高校入学を考える，高校に入学したら次は大学入学を考える，大学に入学したらその次は就職先を考えるというように，青年に何も考えずに，マニュアルに従った人生を送ることを奨励しているのではないかと感じることがある。そうではなくて，青年は，様々な経験を積み重ねつつ，自問自答を繰り返しながら自己の人生を進めてほしいと願っている。

4. キャリア教育（進路指導）

仙崎ら（2000）によると，現行の学習指導要領では，進路指導に

関連して，特に次の5点が重要であることが指摘されている。

①中学校および高等学校において，生徒の自主的な科目選択を大幅に認める方針が採られ，それらの選択科目を援助する必要性が高まっていること。

②児童生徒の学習不適応や問題行動が多発し，現在および将来の生き方を考えさせ，それを支援する充実したガイダンス機能が教育活動全体に期待されること。

③小学校の学級活動において「生き方を考えさせる」指導が求められ，中学校・高等学校における進路指導との一貫性がより明示的に記されたこと。

④小・中・高，すべての学校段階に「総合的な学習の時間」が導入され，自己の在り方や生き方を考えさせることがその狙いの一部となっていること。

⑤高等学校における「学校選択科目」として「産業社会と人間」を設けることができるようになり，将来の生き方について考えさせ，勤労観・職業観を育成することがその課題の一部となっていること。

このように，現代のわが国では，小学校～高等学校に至る12年間にわたる進路指導の必要性が謳われているが，これに関連して，中央教育審議会（1999）の答申において「キャリア教育」を小学校段階から発達段階に応じて実施する旨の内容が明記され，わが国で初めて，「キャリア教育」という文言が登場した。「キャリア教育」という用語は，アメリカの教育界から導入されたものであるが，この用語には，ある特定の仕事や訓練ではなく，生涯を通じて発達・向上していく人間の能力の成長という観点が強く反映されている。このような答申が出された背景には，若者のフリーター志向や早期離職，ニートの増加などがあり，若者の自立にまつわる問題が非常に深刻になり，社会問題化したという点がある。

ここで，「キャリア」ならびに「キャリア教育」の定義について述べよう。文部科学省（2004）は，「キャリア教育の推進に関する総合的調査研究協力者会議報告書」において，キャリアを「個々人

が生涯にわたって遂行する様々な立場や役割の連鎖およびその過程における自己と働くこととの関係づけや価値づけの累積」と定義している。また，キャリア教育を「キャリア概念に基づき，児童生徒一人一人のキャリア発達を支援し，それぞれにふさわしいキャリアを形成していくために必要な意欲・態度や能力を育てる教育，端的には，児童生徒一人一人の勤労観，職業観を育てる教育」と定義している。

「キャリア教育の推進に関する総合的調査研究協力者会議報告書」では，「キャリア教育の意義」として，次の3点を指摘している。

①キャリア教育は，一人一人のキャリア発達や個としての自立を促す観点から，従来の教育の在り方を幅広く見直し，改革していくための理念と方向性を示すものである（学校教育の在り方の改善）。

②キャリア教育は，キャリアが子どもたちの発達段階やその課題の達成と深く関わりながら段階を追って発達していくことを踏まえ，子どもたちの全人的な成長・発達を促す視点に立った取り組みを積極的に進めることである（子どもたちの全人的な成長・発達）。

③キャリア教育は，子どもたちのキャリア発達を支援する観点に立って，各領域の関連する諸活動を体系化し計画的，組織的に実施することができるよう各学校が教育課程編成の在り方を見直していくことである（各学校での教育課程編成の在り方の見直し）。

確かに，小学校段階から継続して，この定義に基づくキャリア教育を実施していくことになれば，大学生に至るまでに健全な勤労観や職業観を持った青少年が数多く生まれてくることは確実である。ただ，学校教育の中に，進路指導の一貫としてのこれほどの労力が必要な教育がきちんと根づくのかという一抹の不安も残る。学習指導とのバランスや，学校現場のもろもろの負担軽減なども，今後考えていかなければならないのではないかと思われる。

ところで，国立教育政策研究所（2002）は，キャリア教育の理念に照らしつつ，それを実践していくための「学習プログラムの枠組の例」（表2-2），ならびにこれに基づく小・中・高校の指導の例を

4. キャリア教育（進路指導）

表 2-2　学習プログラムの枠組の例（国立教育政策研究所，2002）

学校段階別に見た職業的（進路）発展段階，職業的（進路）発達課題

小学校段階	中学校段階	高等学校段階
＜　職　業　的　（　進　路　）　発　達　段　階　＞		
進路の探索・選択にかかる基盤形成の時期	現実的探索と暫定的選択の時期	現実的探索・試行と社会的移行準備の時期
＜　職　業　的　（　進　路　）　発　達　課　題　＞		
・自己及び他者への積極的関心の形成・発展 ・身のまわりの仕事や環境への関心・意欲の向上 ・夢や希望，憧れる自己イメージの獲得 ・勤労を重んじ目標に向かって努力する態度の形成	・肯定的自己理解と自己有用感の獲得 ・興味・関心等に基づく職業観・勤労観の形成 ・進路計画の立案と暫定的選択 ・生き方や進路に関する現実的探索	・自己理解の深化と自己受容 ・選択基準としての職業観・勤労観の確立 ・将来設計の立案と社会移行の準備 ・進路の現実吟味と試行的参加

職業（進路）発達にかかわる諸能力

領域	領域説明	能　力　説　明
人間関係形成能力	他者の個性を尊重し，自己の個性を発揮しながら，様々な人々とコミュニケーションを図り，協力・共同してものごとに取り組む。	【自他の理解能力】 自己理解を深め，他者の多様な個性を理解し，互いに認め合うことを大切にして行動していく能力 【コミュニケーション能力】 多用な集団・組織の中で，コミュニケーションや豊かな人間関係を築きながら，自己の成長を果たしていく能力
情報活用能力	学ぶこと・働くことの意義や役割及びその多様性を理解し，幅広く情報を活用して，自己の進路や生き方の選択に生かす。	【情報収集・探索能力】 進路や職業等に関する様々な情報を収集・探索するとともに，必要な情報を選択・活用し，自己の進路や行き方を考えていく能力 【職業理解能力】 様々な体験等を通して，学校で学ぶことと社会・職業生活との関連や，今しなければならないことなどを理解していく能力
将来設計能力	夢や希望を持って将来の生き方や生活を考え，社会の現実を踏まえながら，前向きに自己の将来を設計する。	【役割把握・認識能力】 生活・仕事上の多様な役割や意義及びその関連等を理解し，自己の果たすべき役割等についての認識を深めていく能力 【計画実行能力】 目標とすべき将来の生き方や進路を考え，それを実現するための進路計画を立て，実際の選択行動で実行していく能力
意志決定能力	自らの意志と責任でよりよい選択・決定を行うとともに，その過程での課題や葛藤に積極的に取り組み克服する。	【選択能力】 様々な選択肢について比較検討したり，葛藤を克服したりして，主体的に判断し，自らにふさわしい選択・決定を行っていく能力 【課題解決能力】 意志決定に伴う責任を受け入れ，選択結果に適応するとともに，希望する進路の実現に向け，自ら課題を設定してその解決に取り組む能力

35

報告している(それぞれ,表2-3,表2-4,表2-5を参照)ので,その概要について記述する。これにより,キャリア教育が青少年のキャリア形成に与える影響について吟味してみたいと思う。

表2-2の下段の表に「職業的(進路)発達にかかわる諸能力」がまとめられている。1つ目は,「人間関係形成能力」であり,「自他の理解能力」や「コミュニケーション能力」が含まれる。これは,自他の尊重を基盤として人と協力して物事に取り組む力であり,将来的に職業生活や人生を送っていく上で,核となる能力と考えられる。2つ目は,「情報活用能力」である。ここには,「情報収集・探索能力」と「職業理解能力」が含まれるが,これは各自が進路や自己の方向性を選択していく際の多様な情報収集力と,様々な職業の内容等について学び取る力を意味する。3つ目は,「将来設計能力」

表2-3 小学校における指導の例(国立教育政策研究所,2002)

活動内容	児童の活動	指導・留意点【育成したい能力】
やりたい係を決める	・いままでの係の仕事でよかったこと,もっとやりたかった(やってほしかった)こと,もっと合理的にできることなどをみんなで話し合う。 ・やりたい係について発表し合う。 例: 花が好きなので,花係になって花壇を花いっぱいにしたいです。 書くことが得意なので,新聞係になっていろいろなことをみんなに教えたいです。	・学級全体としての活動が充実したものになるように助言する。　【情報活用能力】 【人間関係育成能力】 ・児童一人一人のやる気と考え(計画)を大事にし,できるだけ希望を優先するようにする。 ・なぜその係をしたいのか,理由を考えさせるようにする。　【将来設計能力】 【意思決定能力】 ・いろいろな係を経験させ,一人一人の可能性を見いだすことができるよう,たくさんの係をつくるようにする。 ・一か月あるいは学期ごとに交代するようにする。 ・友達と協力できるよう,二人で一つの係活動を行う。　【人間関係形成能力】
楽しい名前付けをする	・各係の名前を考える。 例: 「いきもの係」・・・動物ランド 「新聞係」・・・ニュースの森 「はいふ係」・・・山猫配達便 「けいじ係」・・・教室デザイナー 「黒板係」・・・クリーン作戦	・各係の活動内容がイメージでき,仕事の楽しさが実感できるような愉快な名前を工夫させる。 ・ふさわしい名前を調べさせる。 【情報活用能力】

4. キャリア教育（進路指導）

表 2-4　中学校における指導の例（国立教育政策研究所，2002）

事前指導（「体験する職場の調査，事前打ち合わせ」）の展開例

活動内容	生徒の活動	指導上の留意点【育成したい能力】
訪問先の下調べ	・行動プランを立てる ・訪問先の仕事内容を調べる。 ・訪問先への行き方を調べる。	・計画的に実行するように助言する。 ・情報の収集，整理を効果的に行う方法等についてアドバイスする。【情報活用能力】
質問を考える	・質問カードに記入する。	・グループ等で相談しながら考えさせる。【人間関係形成能力】
自己紹介を考える	・職場で自己紹介する内容を考え，自己紹介カードに記入する。	・自分のこと，職場を選んだ理由を適切に表現させる。【情報活用能力】【意思決定能力】
事前打ち合わせ内容の検討	・打ち合わせ用紙にまとめる。	・様々な内容を検討させ，取捨選択させる。【意思決定能力】
事前打ち合わせリハーサル	・各班でリハーサルを行い，相互評価する。（事業主の立場に立って）	・相手に伝えようとする努力を大切にする。【人間関係形成能力】

事後指導「職場体験で学んだこと」の展開例

活動内容	生徒の活動	指導上の留意点【育成したい能力】
自己評価カードの記入	・自己評価カードに，体験前の準備，体験中，体験後の発表準備を通して学んだこと等を記入する。	・交渉からお礼までの一連の流れの意味を理解・体得できたかを考えさせる。【情報活用能力】
学級で発表する	・班内でそれぞれが発表する。 ・各班から1名代表を選ぶ。 ・代表が学級全体で発表する。	・発表への工夫・努力を大切にする。 ・自分たちにふさわしい代表を選ぶようにする。【意思決定能力】 ・他の生徒の体験や発表から学ぶように意識付けをする。【人間関係形成能力】
感想文にまとめる	・今の生活と職業との関係を考える。 ・「今後に生かすこと」をテーマに感想文を書く。	・今後の生き方を各自でじっくり考えさせる。 ・自己の将来計画に役立たせるよう助言する。【将来設計能力】

2 キャリア発達の促進要因

表2-5 高校における指導の例 (国立教育政策研究所, 2002)

インターンシップの事前指導の展開例

活動内容	生徒の活動	指導上の留意点【育成したい能力】
インターンシップの意義の理解	・インターンシップの趣旨等の説明を聞く。 ・先輩の体験発表会に参加し、活動をイメージする。 ・どの事業所等でインターンシップを行いたいか、何を学んできたいかなどについて考える。	・インターンシップを実施する趣旨を説明する。 ・生徒のモチベーションを高めるよう、実習風景などの映像記録などを活用する。　　　　　【情報活用能力】 ・自分の希望する将来の職業と関連させて考えさせる。　【意思決定能力】
就業に当たっての心構えやマナー	・健康・安全、事業所の活動や方針に対する理解を深める。 ・あいさつ、身だしなみ、言葉使い等の大切さを考える。	・学校外での活動であることを認識させ、就業に当たって求められる心構えや態度を具体例をあげて指導する。【人間関係形成能力】

事後指導「様々な職業に必要な能力・態度」の展開例

活動内容	生徒の活動	指導上の留意点【育成したい能力】
体験した職業に必要な能力等をまとめる	・グループに別れ、インターンシップを通して必要だと気付いた技能等を各自で付箋紙に記入する。 ・各自があげた技能を発表する。 ・グループで相談しながら、付箋紙を模造紙に貼る作業を通して、類似の技能等を整理する。 ・それらの技能・資格を得るためには、どこで（高校、上級学校や職場等）、どのように学んでいけばよいかをグループで調べてまとめる。 ・学級で発表する。	・気付いたことをできるだけ多くあげるように指示する。 　　　　　【情報活用能力】 ・なぜそう思ったのかを、生徒が互いに確かめ合いながら作業を進めるようにさせる。 　　　　【人間関係形成能力】 ・必要に応じ、資格や検定制度の詳細を調べさせる。 ・一つのルートだけでなく、なるべく複数のルートをあげることなどに留意する。 　　　　　【将来設計能力】 　　　　　【情報活用能力】

であり，「役割把握・認識能力」と「計画実行能力」が含まれる。これは，生活や仕事における様々な役割を知るとともに自己の果たすべき役割についての認識を深めることや，自己の進路・将来について主体的に考え自ら選択していく能力を意味する。4つ目は，「意志決定能力」であり，「選択能力」と「課題解決能力」が含まれる。これは，様々な選択肢について比較・検討を行い主体的に決定を行っていくことや，自己責任に基づいて自らの課題を設定してその解決に取り組む能力を意味する。そして，これらの4つの能力を，学校教育の中で，徐々に育んでいくことが児童生徒の健全なキャリア形成に繋がると考えている。

　表2-2の上段の発達段階・発達課題を考慮しつつ，この4つの能力の育成を目指した指導案の例が，表2-3から表2-5に示されている。まず，小学校（表2-3）については，学級活動における「係活動」の指導内容が示されているが，児童各自に希望する係について自分自身で考えさせるとともに，友達の話なども聞きながら，クラス全体で係の仕事を分担させていくという流れを読み取ることができる。指導案の中には「4つの能力」がちりばめられており，このような，一見単純な課題からでも，様々なキャリアに関わる能力が育まれることを知ることができる。また，中学校（表2-4）に関しては，職場体験を中心とするキャリア理解についての指導案であるが，これは大別して，事前指導と事後指導からなる。事前指導は，実際の職場を訪れる以前に行う指導，事後指導は職場体験後の指導であるが，事前指導には，訪問先の下調べやそこで行う質問を生徒に考えさせること等が，他方，事後指導には，職場体験を通して学んだことをまとめたり，学級で発表させること等が含まれる。4つの能力についても，バランスよく多様なものを育むことができるように準備されているという印象である。次に，高校（表2-5）については，インターンシップを利用したキャリア理解の指導案が示されている。これは，自分の学校の先輩に当たる人のところを訪問し，インタビュー等を通して，自己の進路や職業，将来の生き方等につ

いて理解させようとするものである。ここも、事前指導と事後指導から構成され、事前指導では、インターンシップの意義の理解とともに、各自が希望する具体的なインターンシップの内容の決定等を行い、事後指導では、インターンシップ後に気づいたその領域で必要とされる資格等の技能や、将来的にその領域の仕事をするために必要な今後の進路について考えさせること等が含まれる。ここでも、小学校、中学校の例と同様に、4つの能力の育成が十全に図られている状況を読み取ることができる。

　最近、ここに紹介されているような、体験を重視したキャリア指導が、盛んに行われている。それ自体はもちろん悪いことではないが、児童生徒がじっくりと自らの思いをあたため、それを成長させていくという観点もぜひ忘れないでおいてほしいと思う。つまり、「体験すること」は非常にインパクトのあることなので、児童生徒が自らの思いを育むというのではなく、単にそれに流されて生きていってしまう可能性もある。この点については、十分な事前指導・事後指導とともに、きめの細かいキャリア教育（進路指導）が望まれると考えられる。

引用文献

中央教育審議会　1999　初等中等教育と高等教育との接続の改善について
Coleman, J., & Hendry, L. (Eds.)　1999　*The nature of adolescence*. Routledge.（白井利明他訳　2003　青年期の本質　ミネルヴァ書房）
Grolnick, W.S., & Ryan, R.M. 1989 Parent styles associated with children's self-regulation and competence in school. *Journal of Educational Psychology*, **81**, 143-154.
Koestner, R., & Losier, G.F. 1996 Distinguishing reactive versus reflective autonomy. *Journal of Personality*, **64**, 465-494.
国立教育政策研究所　2002　児童生徒の職業観・勤労観を育む教育の推進について（調査研究報告書）
高坂康雅・戸田弘二　2005　青年期における心理的自立（Ⅲ）―青年の心理的自立に及ぼす家族機能の影響―　北海道教育大学紀要, **55**, 77-85.
Miller, P.M., & Ingham, J.G. 1976 Friends, confidants, and symptoms. *Social Psychiatry*, **11**, 51-58.

宮下一博　1994　大学生における疎外感と価値観との関係　教育心理学研究, **42**, 201-208.

宮下一博　1995　青年期の同世代関係　落合良行・楠見　孝（編）　自己への問い直し：青年期　金子書房　pp. 155-184.

宮下一博・杉村和美（著）　2008　大学生の自己分析　ナカニシヤ出版

文部科学省　2004　キャリア教育の推進に関する総合的調査研究協力者会議報告書

落合良行・佐藤有耕　1996　青年期における友達とのつきあい方の発達的変化　教育心理学研究, **44**, 55-65.

Ochiltree, G.　1990　Children in Australian families. Melbourne:Longsam.

岡本清孝・上地安昭　1999　第二の個体化の過程からみた親子関係および友人関係　教育心理学研究, **47**, 248-258.

岡本祐子（編著）　1999　女性の生涯発達とアイデンティティ　北大路書房

仙崎　武・野々村　新・渡辺三枝子・菊池武剋（編）　2000　入門進路指導・相談　福村出版

杉村和美　2008　大学生の時期にやっておくべきこと　宮下一博・杉村和美（著）　大学生の自己分析　ナカニシヤ出版　pp. 49-79.

田中宏二・小川一夫　1985　職業選択に及ぼす親の職業的影響－小・中学校教師・大学教師・建築設計士について　教育心理学研究, **33**, 173-178.

塚野州一（編著）　2000　みるよむ生涯発達心理学　北大路書房

3 現代の大学生のキャリア発達の問題点

1. 自己吟味の欠落

　大学生と話していると，明らかに，なぜこの大学に入学したのかがはっきりしない学生がかなり見受けられる。著者は，教員養成系の大学に勤務しているが，むしろ積極的に教員にならないことを宣言する学生が多いことに驚く。少しでも教員になりたい気持ちを持っているのであれば気にもならないが，全くその意志がない学生も多い。ある時に教職の必修の授業で，活気こそあるものの授業自体にやる気を示さない学生がいるのが気になって，「将来，教師になる気持ちがあるか否か」について全員に挙手をしてもらったことがある。まず，「教師になりたい人」の挙手を求めた。静かに3〜4割程度の学生が挙手をした。次に，「教師になりたいとは思わない人」の挙手を求めた。すると，大きな声とともに同様に3〜4割の学生が挙手をした。予想通りではあったが，正直いってショックであった。彼らが元気なのが救いであったが，一体何が起こっているのだろうと思った。進路指導が進学指導化しているという問題は，随分以前から指摘されていたが，過度の受験競争の影響で，自分の希望というのではなく，どのような学部であろうとも，できるだけ偏差値の高い大学に入学しようとする傾向が非常に顕著になっているのではないだろうか。つまり，自分の希望や意志を確認するのではなく，判断基準が自分の外側にあるように感じた。極端にいえば，有名大学に入学できさえすれば，その中身はどうでもいいということである。これは言い換えれば，自らの人生を人任せ（この場合は，「有名」であるかどうか）で生きているということもできる。有名

校に入れれば、どこでもいいということだとすれば、その先の展望についても、全く考えていないということができる。中学に入ったら次はどこの高校にいくか、高校に入ったらその次はどの大学にいくかということだけを考えて進路を進めてきたとすれば、その後に来るのは、大学を卒業したらその次はどうするかというかたちで、人生がただの点の集合体であり、線で繋がれていないという気がする。これを繰り返しているだけでは、長い人生はなかなか乗り切れるものではない。本来であれば、青年は、そのことに気づく必要があるが、現代の教育の在り方とともに人の目を過度に気にかけるという日本人の特徴もあり、なかなか難しいというのが実情なのであろう。しかしながら、この点については、とりわけ青年に問題があるわけではない。そういう教育を行っていない、あるいは行おうとしない大人たちに重大な責任があると考えられる。

　研究室の学生の話を聞いていても、「本当は〇〇にいきたかった」という学生もいるが、「では、なぜ〇〇にいきたかったのか」と尋ねると怪訝そうな顔をしながら暫く考えて、「有名だから」などという。「今いる大学も、それなりに有名で、自分としても随分頑張って入ったほうなので、文句はない」ともいう。「〇〇にいって何をしたいのか」とか、「将来、△△をしたいから〇〇にいく」という点には、すぐには考えが及ばない。「有名大学にいけば、金持ちになれる」、「いい会社に入れる」という話は学生からよく聞くが、彼らの考えはそこまでである。一方、林（2007）の大規模な調査で、「現代の大学生には高校のとき大学進学を考えていなかった者も多数いる」、「高校のときあまり勉強していなかった学生もかなりの数存在する」という結果が得られており、大学の大衆化もあって、ただ何となく大学に進学するという者も相当数いるようである。

　しかしながら、「自己吟味の欠落」の問題は、今に始まったことではない。著者の学生時代にもそのようなことはあったし、そういうやり方で自分の進路を進めた者もそれなりにいた。ただ、当時の大学進学率が今と比べて遥かに低かったこと、大学入試センター

1. 自己吟味の欠落

試験のような画一的な基準も存在しなかったこともあって,自分の体や頭をフルに使って,進路を決めた者も多かった。有名校であるかどうかよりも,自分の特性やその後の進路のことを考えて,進路の選択を行う者もいた。つまり,現代の学生の常識では考えられないような進路選択を行った者もかなりいた。そうやって進路決定を行った当時の青年が,その後に不幸な人生を歩んだかといえば,決してそうではない。むしろ,自らの人生を生き生きと進めていっているように思う。それぞれの個性を生かしながら,その人しか歩めない人生を生きているように思う。人生は,一度きりである。これを否定する人などいない。皆,かけがえのない人生を歩んでいる。今からでも決して遅くはないので,この本を読みながら,あるいは自分にとって重要な人と対話を行いながら,今後の自己の人生に目をやりつつ,じっくりと自問自答する時間を作っていただければと思う。

「自己吟味」の問題に関連して,もう1点気がかりな現象がある。現代の大学生には,大学生になっても「みんなと一緒がいい」と考える学生が相当多くいるように見える。例えば,小さなクラスでは,ほぼ全員が同じ行動をとっているという話を聞いたことがある。取っている授業が違う場合にも,集合する場所を連絡し合って,授業終了後は,皆でそこに集まるという。この例は,とりわけ女子学生に多いが,高校までの行動がそのまま維持され続けているように思う。そこには,誰かと一緒にいないと不安であるとか,一人でいるのを見られるのが恥ずかしいなどの幼い心理を垣間見ることもできる。このような行動にはそれなりの長所(人間関係の形成等)もあるので,一概にはいえない面もあるが,余りにも他者を気にし過ぎて,自分を見失ってしまうのでは元も子もない気がする。また,男女に共通の行動として,「人に流される」というような行動が顕著に見受けられる。例えば,研究室を決める際に,「あの人と同じ研究室がいい」とか「グループ全員で同じ研究室に入りたい」というようなことがある。あるいは,同じ学科の先輩に誘われて,その

研究室を希望するという学生も多い。そこには，自らの考えとか意志というものはほとんど見当らない。確かに，現代の大学生は，そのような自己決定を重視しないと見ることもできるが，そこに微塵も自分の意志がないとすれば，やはり問題といわざるを得ない。もちろん，このようなことは，著者の学生時代にも存在した。しかし，当時のことを冷静に思い起してみても，現代の大学生のありようについては，「流され過ぎ」という印象を持っている。これでは，流行に流されるのも，またいつそそのかされて何かをしでかしたとしても，当然のようにも思う。安易に振込めサギに加担したり，麻薬に手を染めたり，集団で暴力を振うようなことも，自分で自分のことを吟味するという習慣がなければ，必然的に増えてしまうことになる。人のいうことや行動は，それはそれとして尊重するという態度は重要であるが，大学生くらいになれば，時にはそれを客観化し，自ら考えてみるという姿勢を持つことも重要と考えられる。こうした姿勢は，自分の意見を持つという成熟した心理の確立にも繋がる。自分で自分のことを考えるという行為は，非常に高度で複雑な行動である。なぜなら，「自分」という存在自体が，自分には最も不可解なものという側面を持っているからである。だからこそ，折に触れて，自らへの問いかけを行い，その答えを吟味しながらじっくり歩んでいくことが大切になるのである。

2. 頻繁な志望変更

　自己吟味の機会が奪われた，あるいは自己吟味をおろそかにした現代の大学生は，必然的にその後の人生をさまようということになる。ただ有名校を目指して入学した者，何となく大学に入学した者などは，入学直後から心の中に葛藤が生じてくる可能性がある。あるいは，やや時間が経った時に，それらが襲ってくることもある。もちろん，全ての人がそうであるわけではないが，人によってはその葛藤がかなり強まることもある。

2. 頻繁な志望変更

　著者も，ここ数年の学生との関係において，数名の学生から進路の悩みを聞かされたことがある。その場合，転部や転科を希望する人も多いが，中には当該の専攻についてその詳細を知らずに入学して，「こんなことをするとは思っていなかった」という学生もいる。その専攻の表面的な面（例えば，格好がいい等）や，自分の勝手な思い込み等により入学したが，その現実を知るにつれて，自分のイメージとはかけ離れているということに気がついたという。もちろん，高校や予備校での進学指導が，偏差値一本に限定されていることも原因であるが，大学に入学してから，そのギャップに気づくということも増えているように思う。2008年度は，著者自身，クラスの担任をしたが，総数30名程度のクラスで，3～4名からこのような進路にまつわる相談を受けた。他の学科でも，随分増えているようである。「格好いい」とか「有名」等の表面的な特徴で進路を選択しているからこそ，このようなことが多く起こるのだと思う。

　現代は，少子化傾向等もあり，このような点に関しては，多くの大学が柔軟な対応をするようになっている。つまり，それなりの理由があったり，入学試験の得点等によっては，転部や転科等を認めようとする寛容な態度を取る大学が増えつつある。場合によっては，もう一度，別の大学に入学し直すということも，以前に比べれば容易になりつつある。こうした現代の大学の傾向も，大学生の志望変更を助長している面があるように思われるが，およそ10年前と比べても，こうした志望変更が数多く存在するという印象である。もし，その人の人生において，こうした志望変更が頻繁に起こるとすれば，まさにさまよう人生となってしまう可能性がある。もちろん，高校時代の心性は，大人と比べれば遥かに未熟であり，それなりのブレは当然生じるが，「自己吟味」を全くしないかたちでのこのようなブレは，有害なものといって良いかもしれない。

　ところで，大学生になると，大半の人が就職活動を行うが，白井（2006）では，「現代の若者は，職住分離の社会に生まれ育ち，またアルバイトも限られた業種でしか経験できないことから，職業・

労働・雇用・経済といったことについては知らないことが多く，一般的なマナーすら身につけていない場合が少なくありません」と述べられている。つまり，就職活動を通じて実社会の厳しさを認識し，それにより自己の成長が行われていることが指摘されている。確かに，就職活動はその人の未来を明るく照らし出すものとして重要であるが，当然のことながら，ただ就職活動を行いさえすれば成長するということでもないであろう。自分の考え方や思いが一貫しない，あるいは曖昧な職業希望のままに就職活動を行うと，実社会の厳しさを前にして大きな挫折を経験し，志望の変更ばかりを繰り返すことになりかねない。どの職業でも，仕事はすべて大変で当たり前である。厳しくない仕事など存在しない。なぜなら，それによって金を稼ぎ，それが自らの人生を進めていく糧となるからである。就職活動を通じての頻繁な志望変更も当然あるであろうが，「厳しいから」とか「大変だから」という理由で変更を行うのはやめたほうがいい。事前に，ある程度自分自身の希望を明確化させておくのは当然であるが，それに加えて，「仕事は，厳しくて当たり前」という考えをしっかりと持ち，辛抱強く就職活動に従事することをお勧めしたいと思う。そうすることにより，自己の成長も確実になると考えられる。

　いずれにしても，頻繁な志望変更は，その人にとって利益にならないばかりか，有害となる場合も多い。根のしっかりしない浮草は，水の流れに任せて，ただ漂うしかない。逆にいえば，ある場所に定着するためには，そこにきちんと根を張る必要がある。しかし，「根を張る」にはそれなりの強い意志と辛抱が必要である。この点をおろそかにしてしまうと，いつまでたっても「根なし草」のままである。そうならないためには，自問自答しつつ自らの意志を確認し，人生を進めるという習慣を持つことが重要と考えられる。職業の世界でも，流行やら，評判やら，格好よさやらと，様々な誘惑が渦巻いている。これらばかりにとらわれてしまう人も多いが，一度立ち止まって，自分の考えや意志を確認してみてはいかがだろうか。

3. 資格至上主義

　これは，時代の流れでもあり，一概に批判はできないが，現代の大学生の資格取得に対する意欲にはものすごいものがある。大学に通いながら専門学校に通う，時には複数の専門学校に通う者さえいる。個人的な経験でいえば，最近，大学院に入学した学生が，資格らしい資格が何も取れないことに気づき，早々に退学するという出来事があった。事前にちょっと下調べをしておけば，このようなことにはならなかったわけであるが，資格取得にとらわれ過ぎていたために，単純に専攻名のみから判断してしまった可能性が考えられる。現代は大学のみならず，大学院入学の目的にも「資格」が大きな位置づけを持っているということを思い知らされた出来事であった。教員免許にしても，色々な種類の免許を取得する者がいる。小学校教員免許だけでなく，中学校も，そして特別支援学校や幼稚園教員に至るまで，完全制覇とはいわないまでも，何種類かの免許を取得して卒業する学生が増えている気がする。これには，当然，大学側が学生の就職や大学にとっての都合等を考えて複数の免許取得を奨励しているという現状も影響を与えているが，2種類程度ならともかく，3種類以上取得しようとするのは，「何でもかんでも」という印象を持ってしまう。

　このような例は，「〇〇のために資格を取得する」というのではなく，「とにかくたくさんの資格を取っておく」という本末転倒の事態と考えることもできる。もちろん，現代の大学生が資格取得にこだわる理由もそれなりに理解できる。不況やそれに伴う就職難が著しい現代は，色々な資格を持っていると就職に役立つことがあるし，会社によっては，ある資格がないとそれだけで採用しないという場合もある。しかしながら，「下手な鉄砲も数撃ちゃ当たる」といわんばかりの現状には，大きな疑問も湧いてくる。どこかの会社にリストラされても，他の資格を生かしてまた別の会社で仕事をすればいいとか，それが駄目ならまた別の会社で違う仕事をしようと

でも考えているのであろうか。このようなことばかりを繰り返していてもキャリアの定着はないし、「浮草」のままではないだろうか。自己吟味を基盤とした自己のキャリア設計のもとに、自分に必要な資格を取得するという原点に立ち返れないものであろうか。

　2009年1月5日付の朝日新聞に、「＜新・学歴社会＞専門学校化する大学」と題する記事が掲載された。記事の一部を引用してみよう。「正門から、まっすぐに延びる道の両側に、立て看板が並ぶ東京経済大学（東京都国分寺市）のキャンパス。『祝　会計士試験合格』イベント案内などに交じり、大学が立てたピンク地の看板が目を引く。『合格』の文字の下には、3人の学生の名前が誇らしげに並んでいた。一緒に、在学生向けの、こんなメッセージも添えられていた。『二つ三つは資格をとっておこう！』　東経大は昨年度から、資格取得を目指す学生のために、特別カリキュラム『アドバンストプログラム』を始めた。公認会計士や税理士の試験対策、英会話スキルの向上など全6コース。各コースで定員は異なるが、20〜30人の少人数制だ。希望者の中から成績優秀者を選ぶ。最大の特徴は、資格試験予備校や英会話学校など専門学校の活用だ。例えば、税理士コースでは、『大原学園』に通い、大学が指定した授業を受ける。大学で、このコースを担当する准教授は『大学では基礎理論や考える力を教えるが、試験に合格するには受験スキルが必要。それは専門学校で身につけてもらう』。専門学校の受講料は、全額、大学負担だ。同コースの場合、1人当たりの受講料は約35万円。同コースの2年の女子学生（20）は『大学って哲学とか抽象的な授業ばかりだと思っていました。ラッキーって感じです』。」

　現代は、少子化の影響もあり、大学側も生き残りをかけてこのような取り組みを行うところが出始めている。著者自身、このような動きを否定するつもりは毛頭(もうとう)ない。あるいは、著者の所属する大学もこの例外ではないのかもしれないとも思う。大学生にとっては、今いる大学とは別に専門学校に通う必要がないため、メリットは大きいであろう。でも、一方で、「本当にこれでいいのだろうか？」

という自問自答にも似た思いも湧いてくる。つまり，これは，学生の資格取得に対する援助ではあっても，その資格の意味やそれと自己の人生との関わりを学ぶことにはなっていないのではないかと。もちろん，別途，大学や専門学校の授業にこれらを学ぶプログラムが組み込まれている可能性は高いが，その点こそ丁寧に教育することが重要だと思う。このようないわゆる大学の専門学校化という現象は，生き残りをかけた大学側のアイディアの一つであるが，大学の存在意義も問われるだけに，今後とも，注意深く考えていくことが必要と考えられる。

　ところで，インターネットでベスト進学ネットというホームページ（http://www.best-shingaku.net）を見てみると，資格の現状についてほとんど知識を持たない著者にとっては，実に多くの資格があることに驚く。美容師，柔道整復師，鍼灸師，理学療法士，調理師，栄養士，作業療法士，製菓衛生師，保育士・幼稚園教諭，社会福祉士，看護師，歯科衛生士，保健師，自動車整備士，精神保健福祉士，薬剤師，医療秘書，診療放射線技師，臨床検査技師などが列挙されている。これらの資格の名称から，仕事内容についておおよそのイメージが湧くものがほとんどであるが，違いが分かりにくい資格も見受けられる。現代の青年たちは，自らの進路を決める際に，こうした情報を参考にする人も多いことであろう。大学のホームページにも，こうした資格が取得できる旨の宣伝が多くなされていることであろう。資格の種類も増え，これらの資格を取得できる大学も増えているという現状は，青年にとっては，おそらく魅力的な状況といえるであろう。しかし，資格の名称や評判，あるいはとにかくたくさんの資格を取得したいなどということばかりを考えて資格取得を行うというのは，できれば避けたほうがよいであろう。自分自身の適性や人生設計との関連性をよく考えながら，賢く資格を取得することを考えていただければと思う。すなわち，資格を取得しようとする際には，初めに「資格ありき」ではなく，自分にとってその資格を取得する意味も考えよく吟味しながら，決断を行ってほしい

と思う。

　資格を取ることは確かに重要ではあるが、それは手段であって、目的ではないはずである。「何でもいい」とか「たくさん持っていればいい」というのでは、その人の人生を上滑りさせてしまうおそれがある。現代の大学生を見ていると、この点で、若干の懸念が生じてくることもある。現代は、青年にとって生きづらいという面が大きいかもしれない。将来についての不安が絶えない時代といってもいいのかもしれない。しかしながら、このような時代であるからこそ、よく考えながら慎重な行動や対応を行うことが重要であるように思う。それこそが、今後の自己の人生を切り拓く鍵になるといっても過言ではない気がする。

4. フリーター志向

　厚生労働省は2002年より、フリーターを「15～34歳で、男性は卒業者、女性は卒業で未婚の者のうち、(1) 雇用者のうち『パート・アルバイト』の者、(2) 完全失業者のうち探している仕事の形態が『パート・アルバイト』の者、(3) 非労働力人口のうち希望する仕事の形態が『パート・アルバイト』で家事も通学も就業内定もしていない『その他』の者」と定義している。この定義によるフリーターの人数は、平成15（2003）年が約217万人、平成16（2004）年が約214万人、平成17（2005）年が約201万人、平成18（2006）年が約187万人、平成19（2007）年が約181万人であり、好景気を背景に、この間若干の減少傾向を示しているが、それでも平成19（2007）年において180万人を超える数値が示されている。その後の2008年に世界規模で発生した大不況による正社員のリストラや就職難等を考慮すると、現在においては、あるいはこの数がかなり増加していることも予想される。

　フリーターは、数値的には高卒の人が多いが、大卒の人にもそれなりに存在する。特に、1990年代前半からの就職氷河期には、大

4. フリーター志向

学を卒業しても、かなりの数の人がフリーターなどの非正規雇用の職に就いたと記憶している。著者の研究室の学生でも、毎年2人程度はいたのではないかと思う。その学生たちの中には、未だに定職が得られない者も何人かいる。著者が在籍している大学は教員養成系のため、企業に就職するには若干のハンディもあるが、就職が決まらない、あるいはどのような職種に就職したいか分からないというかたちで、とりあえず「フリーター」を選ぶ学生も結構いたように思う。

朝日新聞の2008年7月23日付の朝刊に、「漂う年長フリーター」という記事が掲載された。これは、2008年秋の大不況以前の記事ではあるが、ここ数年にわたる景気回復により、若年フリーター（15～24歳）は減少傾向にあるものの、年長フリーター（25～34歳）の人数はそれほど減少していないばかりか、平成19（2007）年には年長フリーターの数が若年フリーターを上回っていることを深刻に捉えた記事である。また、定義的にはフリーターには含まれないが、35～44歳組では、平成15（2003）年～平成19（2007）年にかけて、フリーターの数が増加している（約29万人→約38万人）ことなども指摘されている。2010年には、就職氷河期世代が40代に入るとのことで、フリーターの高齢化にも懸念を示している。

現代の日本社会においては、一旦、フリーターなどの非正規雇用を選択する（選択させられる）と、なかなかそこから脱出できないという仕組みが存在する。グローバル競争の熾烈化で、各企業は生き残りをかけてしのぎを削っており、人件費削減の名の元に、正社員のリストラと、その非正規雇用への移行をさらに加速化させている。一旦、フリーターなどの非正規雇用となってしまうと、十分な職業訓練も保障されず使い捨てにされてしまうおそれすらある。著者は、「フリーターになるのはいけない」というつもりはさらさらない。安易なかたちで流されてフリーターになることに、警鐘を鳴らしているのである。

これと関連するが、日本労働研究機構（2000）は、「フリーター

の意識と実態」と題する報告書を提出した。その中で，フリーターを大別して3タイプに分類している。まず1つ目は，「モラトリアム型」であるが，これはさらに，「離学モラトリアム型」と「離職モラトリアム型」に分けられる。このタイプについては，「フリーターとなった当初に，明確な職業展望を持っていなかったタイプであり，フリーターとなった直前の所属が教育機関（予備校を含む）であったか，職場であったかによって，『離学』と『離職』に分けられている。…この類型の中には，モラトリアム，即ち，社会の中で自らの職業的な位置づけを決めるまでの猶予期間としてフリーターという就業形態を選択し，その間に自分の『やりたいこと』を探そう，あるいは，『やりたいことに』に出会おうという，いわば『確信犯』的にフリーターを選択した者と，ともかく学校を中退もしくは修了した，あるいはともかく職場を去ったが，先の見通しがはっきりしなかった者の双方が含まれている」と述べられている。このタイプでは，フリーターを積極的なモラトリアムとして活用しようとするのであればともかく，将来の見通しが曖昧なままにフリーターを選択してしまう場合に，懸念が生じると考えられる。

　2つ目は，「夢追求型」である。このタイプは，「芸能志向型」と「職人・フリーランス志向型」に下位区分される（なお，「フリーランス」とは，フリーのアナウンサーやジャーナリスト，放送作家などのように，特定の組織に所属せずに，自分の技能や技術で身を立てていく仕事形態を意味する）。このタイプに関しては，「彼らは『モラトリアム型』とは異なり，芸能関係の職業，もしくは職人・フリーランス型の職業に就きたいという，明確な目標をもっている。この類型の中には，生活の手段として目指す職業とは全く関係のないアルバイトに従事している者と，アルバイトやフリーランスの立場で目指す職業における収入をある程度得ている者の双方が含まれている。芸能関係にしても職人・フリーランス型の職業にしても，それらの労働市場は未経験者を新規学卒一括採用のような形態で正社員に採用する市場ではなく，安定した地位と収入を得るまでには長い

試行錯誤の期間を必要とする市場といえよう。その意味では,これらの職業そのものが,フリーターという就業形態を要求していると見ることもできる」と指摘されている。このタイプの場合には,自立に至るまでにはかなりの時間が必要ではあるが,それを目指す者にとっては,フリーターというありようは,ごく自然な姿と考えることができる。ただ,当然,これを目指すすべての人が成功できるという保障があるわけではなく,将来的には,現実との兼ね合いを考えていかざるを得ないというケースも生じることが予想される。

　3つ目は,「やむをえず型」であり,これには「正規雇用志向型」,「期間限定型」,「プライベート・トラブル型」が含まれる。まず,正規雇用志向型については,「この中には,正社員としての就職を希望して就職活動を行ったがうまくいかなかった者や,離職後正社員としての再就職を希望したがうまくいかなかった者,公務員,警察官,スチュワーデス(客室乗務員)など,特定の職業への参入機会を待っている者,および比較的正社員に近い派遣という働き方を志向した者が含まれている」と述べられている。また「期間限定型」に関しては,「次の専門学校入学の時期まで,就職時期までといった明確な期間限定(1年程度)の見通しをもって,学費稼ぎもしくは時期待ちのためにフリーターとなった類型である。…期間限定の背景には,家庭の事情による進学の延期,志望変更による専門学校の入学時期待ち,ワーキング・ホリデーのための費用稼ぎなどの事情がある」とされている。「プライベート・トラブル型」は,「自分や家族,異性関係などのプライベートな関係の中で生じたトラブル(本人や家族の病気,父の事業の倒産,同棲など)を契機としてフリーターとなった類型である」と述べられている。これらのタイプについては,多くの場合,まさに「致し方がない」という事情でフリーターを選択したタイプであり,それらの事情がない状況であれば,別の選択もできたであろうケースである。特に,「正規雇用志向型」に関しては,その時の外的な労働市場という要因が非常に大きな影響を与えるものであり,捲土重来を期して辛抱強く対応してほしいと

思う。

このように，一口にフリーターといっても，様々なタイプが存在することが分かる。人間が人生を進めていくプロセスには，自分ではどうしようもないような要因が立ちはだかることも多い。それは，ある意味必然である。こうした点も考慮しながら，もし，フリーターを選択する場合にも，自分なりの吟味や確認，納得といった心の作業をしてほしいと思う。未来への展望や自己吟味を欠いたかたちでのフリーター選択は，自己の人生をかえって狭めてしまう可能性があると考えられる。

5. 新入社員の未定着

2008年7月20日付の朝日新聞に，「新入社員今どきの育て方」という記事が掲載された。これは，大不況に陥る直前の記事ではあるが，冒頭で次のような指摘を行っている。「バブル景気以来の『売り手市場』といわれた今春の新入社員は，平均2社以上から内定をとったといわれる。優しく背中を押してやらないと前に進まないなどの意味から，『カーリング型』とも評される。新入社員を各企業はどう育てているのか」。「『単純作業ばかりで意欲が下がってしまうんです。何とかしたいのですが…』 4月に入社した〇〇さん（22）はそう言って涙を流した。顧客企業の業務の代行で，電話がけやコピーといった作業に追われていた5月初旬のことだった。相談を受けたのは，執行役員の△△さん（38）。△△さんは，『作業の一つひとつが我が社の企業価値を上げているんだ』と諭しつつ，『無理に意欲を高めなくてよい』と助言。〇〇さんは『立場の高い人』が自分のために時間を割いてくれたのがうれしかったという。『見守ってくれる人がいるから頑張れる』」。加えて，「新人との話し方も，変えざるをえないのかもしれない。あるIT企業の上司が新人を飲みに誘うと，『キムタク（木村拓哉）のドラマがあるので』と断られた。ある商社では，上司が新人を注意したら，『今，パツパツ（大

変な状況）なので，後でメールで下さい』と言われたという」。

　なぜ，このような記事が掲載されたのであろうか。同じ新聞記事の中に，「厚生労働省の調査では，入社3年以内の離職率は36.6％に上る」という指摘がなされている。また，別の資料（関総研，2008）では，昨今の新入社員の離職状況を「7・5・4・3現象」と呼び，3年以内に退社する割合は，中卒で7割，高卒で5割，短大卒で4割，大学卒で3割という指摘を行っている。いずれにしても，最近の新入社員は，かなりの割合の人が，3年以内にその職場を去ってしまうという。手間ひまをかけて育てた社員が，ごく短期間でやめてしまうという状況は，企業にとって大損失であり，その苦肉の策だということである。

　その後の2008年後半に起こった大不況により，雇用状況は一変するが，おそらくこのような新入社員の心性は暫くは大きく変わらないように思う。なぜなら，彼らは豊かな時代に育ち，経験してきた人間関係が質量とも少ないこと，辛いことを辛抱しながらやり遂げるという経験も少ないように思われるからである。

　では，新入社員の離職の理由は何であろうか。関総研（2008）によれば，若年層の離職理由のトップ10は，給与に不満（34.6％），仕事上のストレスが大きい（31.7％），会社の将来性・安定性に期待が持てない（28.3％），労働時間が長い（26.9％），仕事がきつい（21.7％），仕事が面白くない（21.0％），職場の人間関係がつらい（20.4％），キャリアアップするため（19.4％），昇進・キャリアに将来性がない（18.5％），会社の経営者や経営理念・社風があわない（17.9％）となっている。これらを少しまとめると，「給与に不満」「会社の将来性・安定性に期待が持てない」という理由は，会社そのものに対する不満と考えられる。人間の欲求は際限がないため，どのような状況でもこのような不満は生じ得るが，自ら希望して就職した職場に対して，ごく短期間でこのような不満を抱くというのは，余り健全なこととはいい難い。また，「仕事上のストレスが大きい」「労働時間が長い」「仕事がきつい」「仕事が面白くない」「職場の人

間関係がつらい」という理由は，会社に対する不満というよりも，現在の職場で自己の充実感が持てないという不満を表しているように思われる。仕事とは，楽で楽しいものとは限らない。何事でもそうであるが，楽しいこともあれば辛いこともある。この繰り返しである。どのような仕事にも，ストレスはあって当たり前だし，仕事がきついのも当然のことである。人間関係の存在しない仕事もありえないし，人間関係があればそれにまつわるストレスが生じるのが必然である。しかるに，これらの理由で短期間の後に辞めていく人は，おそらく，このような当たり前のことを当たり前として理解できない人か，あるいは理解しようとしない人と考えることができる。じっと我慢をしたり努力を重ねる中で，経験の蓄積を図り，その職場での定着を考えてみるという素晴らしい選択肢があることにもぜひ気づいてほしいと思う。さらに，「キャリアアップするため」という理由は，自己のキャリアを上昇させようという積極的な志向性として見ることもできるが，安易な思い込みや一人よがりの離職は避けるほうが良いと思われる。じっくり考えた上で，決断を行うというのであれば問題は少ないが，そうでない場合（短期間での離職を繰り返す場合）は，キャリアアップに繋がらないどころか，逆行すると考えるほうが適当だと考えられる。

そもそも，「仕事がきつい」とか「職場の人間関係がつらい」という理由だけで離職するのは，どう考えても得はない。基本的に，どのような仕事でもそれは同じだからである。このようなことで右往左往するよりも，一つの仕事を最低 10 年位は続けてみるということを考えるほうが，よほど賢い方法といえるであろう。地に足をつけて人生を歩もうとしない限り，その人のその後の人生はうまく展開しない。大学生の時期に，このようなことも含めてじっくりと自己の人生について考え，思いを巡らしておいてほしいものである。

では，新入社員の未定着の問題は，本人にどのようなデメリットがあるのだろうか。これには，当然いくら経ってもキャリアが成熟していかないという大きな問題がある。転職に転職を重ね，渡り鳥

のように職を転々としていくだけでは，基本的に職業面の成熟はゼロという可能性すらある。どのような仕事をするにしても経験の蓄積は重要であり，その面がかなりおろそかになってしまうからである。

2009年5月25日付の朝日新聞に，「訓練なき若者急増」という記事が掲載された。この記事の小見出しに「非正社員　技能学ぶ機会不足」とあるように，特に非正社員に焦点を当てた分析が行われている。この中に，次のような事例が掲載されていた。「青森のコンビニエンスストアでアルバイトをする男性（35）は，バブル経済が崩壊した直後の92年に高校を卒業した。就職難の中，主にアルバイトや短期の派遣労働など単純作業を中心に，10ヵ所以上の職場を経験した。通信機器販売会社の正社員になったこともあったが,仕事は飛び込みの訪問販売。研修もなく『将来が見えない』と，数か月で辞めた。昨秋からハローワークに通うが，県の3月の有効求人倍率（季節調整値）は0.28倍で全国最低。数少ない求人企業に問い合せても『資格や経験がないと』と断られることが多い。月収は10万円以下で，両親と同居する。『技能を身につける機会がなく，先が見えない』と話す」。バブル崩壊後に学校を卒業した人の中に，このような職業訓練を受けていない人が増えているというのである。また，この記事では，「厚生労働省の調査では，1年間で正社員に計画的な教育訓練を実施した企業の割合は46％なのに対し,非正社員に実施した企業は18％にとどまる」という記述もある。正社員に対する実施割合が46％というのも随分少ないという印象であるが，非正社員では，この数値が遥かに小さくなっていることに驚く。この記事は，次の文章でしめくくられている。「08年秋からの急速な景気後退で，企業は新卒採用数を大幅に抑制する。就職難で，技能の乏しい若年労働者が大量に生まれ，職業訓練のないまま非正社員からなかなか抜け出せない負のスパイラルが一層強まる可能性が高まっている」。

この記事では，特に非正社員の職業訓練がおろそかにされている

ことについて大きな問題提起を行っているが，著者は，この問題は正社員も含めた大問題だと感じている。若者の訓練や経験をおろそかにしたままでは，わが国の明るい未来はないような気がする。そこには，若者のキャリアの成熟も存在しないし，わが国の今後の発展も見えない。

正社員にしろ非正社員にしろ，職場を転々としていたのでは，自己のキャリアの発達もなければ，生き生きとした人生の展開もない。現代は，会社の都合等の外的な理由で短期間の転職を強いられる場合もあるが，自ら進んで短期間でその会社を去るという選択は，よほどのことがない限り賢い選択とはいえない。自分にとっても，社会にとってもマイナスとなる可能性が高いということをよく知ってほしいと思う。格好悪くは見えるが，我慢したり人間関係を調整したりしながら，その仕事に必死でしがみついてみるというのも，自らの人生を切り拓いていくために，重要ではないかと考えられる。

6. チャンスを待つ力の欠如

著者は大学院の時に，「チャンスは皆に平等に巡ってくる。そのチャンスをものにできるかどうかで人生は決まる」といわれたことがある。もうその時から30年以上が経過したが，「確かにその通りだ」と思う。たとえその時はうまくいかなくても，辛抱して努力を続けていけば必ずチャンスが訪れて，それをものにすることができるというわけである。俗に「運がいい」とか「悪い」といういい方があるが，「運が悪い」時でも腐らずに努力をすることによって，「運」を呼び込むことも可能なのである。

そのような観点から見た場合，現代の若者の心性はどのようであろうか。社会全体が，「何の保証もない夢（チャンス）を見るよりも，早めに目に見える結果を示しなさい」といわんばかりの雰囲気を有している現代，辛抱してしがみついたり，じっくり考えながら行動するということは，いわば格好悪い生き方として嫌われる可能性が

高い。あるいは、このようなことが原因の一つなのか、例えば、教職志望であった者が、その受験に失敗するといとも簡単に別の進路を考えるという事例も少なくない。もちろんそこには、様々な現実的な制約ややむを得ない事情（例えば、就職浪人は経済的に無理である、倍率が高いなど）が存在する場合もあるが、それとは異なる、いわば「変わり身の速さ」を感じることもある。つまり、自己吟味がほとんどできていないために、自分が何をしたいのか、何に適しているのかすら分からない若者が結構いるのではないかという問題である。もちろん、人それぞれ人生は異なるし、そこに様々な生き方が存在するというのは当然のことであるが、誰にとっても一度きりの人生であり、大切に考えてほしいという思いがある。

　先に、「新入社員の未定着」の問題について論じたが、少しでもチャンスを待つような姿勢があれば、そう簡単に職場を去るという選択肢は思いつかないはずであるし、そうすることこそが、その人のキャリアアップに繋がるのではないかと思う。「チャンスを待つ力」とは、「時間を信頼する」ということにほかならない。時に、「慌てず騒がず、じっと辛抱強く待ってみる」という行動をすることによって、自己の別の可能性が自然と切り拓かれることもあるということを知っておいてほしいと思う。

7. モラル・マナーの問題

　モラルやマナーについては、大人のそれが目に余る現代、青年のひどさは推して知るべしである。大学の授業中に大声でのおしゃべりはもちろんのこと、携帯電話でメールをしたり、携帯電話が鳴るのは当たり前。授業で菓子を食べるのも当たり前、おにぎりやサンドウィッチを食べる者さえいる。教壇の正面に座っていた学生が、おにぎりをほおばった時に、目が合ったこともある。実に悪びれず、堂々としたものである。時折、苦笑しながら、「ここは映画館ではありません。TPOを考えましょう」と注意をすることもある。でも、

彼らにはなぜ注意をされるのかが分からないようである。おそらく，高校時代（あるいは，それ以前）から，このようなスタイルを続けてきているのであろう。

　また，1年ほど前のある時，研究室のドアが突然開いたことがあった。女子学生が一人そこに立っていた。こちらが非常に驚いて「えぇ～！」という声を出したので，その学生はきょとんと立っていた。「今，ノックをしたの？」と尋ねたが，その学生は相変わらず「きょとん」としていた。「ここは，トイレではないよ！」と続けて発言した。でも，「すいません！」といったきりで，これ以上，この件での彼女の発言はなく，おもむろに自分の用件を切り出した。こちらは，ただ呆れたが，仕方なく彼女への対応を行った。このエピソードから見えたことは，「他人の部屋に入る時に，ノックをすることも知らない人がいる」ということである。「この学生は大丈夫なのか？」と思った。

　さらに，2年ほど前に，貸した本をなかなか返却しない学生が複数いた。1人は他学部の学生であるが，何度も催促したにもかかわらず返却せず，そのまま卒業してしまった学生である。最終的に，時間はかかったものの，元指導教員等に連絡をして本は戻ってきたが，私物を汚されて嫌な気持ちだけが残った。非常に印象に残っているもう1人の学生は，高価な私物の専門書を数冊借りて行ったが，半年経っても全く返却しようとしなかった。携帯電話の番号を調べて何度か電話をしたが，1度は出たが，あとは全て留守電になっていた。1度だけ繋がった時には，「すぐ返します」といったが，一向に返却されることはなかった。留守電に何度かメッセージを入れたものの，何の返答もなかった。約9ヵ月経った頃に，汚い袋に入れられた非常に傷んだ本が研究室前に置かれていた。その学生は2年次に在学中であり，特にひきこもり等の問題があるわけではなかった。自らが借りていったものを返そうとしない，催促をしても何の返答もない，ばつが悪くなるととにかく逃げまくる。そこには，全く罪悪感というものが見当らない。とにかく，モラルの崩壊状態

である。

　自転車のマナーも，ひどいものがある。右側通行は当たり前だし，危険運転も当たり前。駐輪の仕方も，めちゃめちゃである。高校生もひどいが，大学生もそれと大差ない。大人も同じであるから，これも致し方ないといえるが，残念な気持ちになる。

　ふと，考える。これほどまでモラルやマナーが身についていない彼らは，今後どのようになっていくのか？　社会に出て仕事をしていくことができるのか？　職場できちんとした教育を受けなければ，彼らに未来はないのではないかとすら思うことがある。モラルやマナーが定着していない人間に，仕事を続けていくことなどできない。「礼儀に欠ける」は，「遅刻をする」は，「けじめがつかない」は，「人とまともにコミュニケーションを取れない」は，「悪いことをして，罪悪感が持てない」はでは，仕事をする以前の状態と考えざるを得ない。今は，非常に深刻な状況だと思う。もちろん，全ての学生がそうであるわけではないが，現代において，このような学生は確実に増えているように感じられる。

　著者が大学生の頃は，どうであっただろうか。確かに未熟で愚かな点も相当あった。しかし，ここまで無神経な人はそれほど多くはなかったと記憶している。悪いことをすれば罪悪感を持ったし，注意をされれば反省をしたものである。自分のことだけを考えて我がもの顔に振る舞える人は，むしろ少なかったのではないかとさえ思う。なぜ，このようになってしまったのであろうか？　時代の変化なのか，若者の心性の変化なのか，はたまたこの双方なのか。この問題にいかに対応していくのか。これは，現代社会が抱えている大きな問題だと感じている。

引用文献

朝日新聞　2008　新入社員今どきの育て方（7月20日）
朝日新聞　2008　漂う年長フリーター（7月23日）
朝日新聞　2009　＜新・学歴社会＞専門学校化する大学（1月5日）
朝日新聞　2009　訓練なき若者急増（5月25日）
ベスト進学ネットHP　(http://www.best-shingaku.net)
林　未央　2007　CRUMPワークショップ　ユニバーサル時代の学生像　全国大学生調査から（daikei.p.u-tokyo.ac.jp）
日本労働研究機構　2000　フリーターの意識と実態
関総研　2008　若手社員の離職理由から考える早期離職を防止するための企業の対応法：企業経営情報レポート
白井利明（編）　2006　よくわかる青年心理学　ミネルヴァ書房

4 キャリア発達と外的環境

1. 昨今の状況

　平成 20（2008）年秋に，アメリカのサブプライムローン問題に端を発する急激な経済状況の悪化が生じ，これが世界を巻き込んだ大不況をもたらした。日本の政治指導者も当初は，この影響はわが国においてはさほど大きくないと考えていたふしがあるが，輸出大国日本はこの例外にもれず，世界的な大不況の荒波の中に，すっかり飲み込まれてしまった。この大不況は，今後も相当継続することが予想され，これから就職を始めとする問題に取り組む大学生や高校生にも悪影響が及ぶことが懸念されている。

　これに関連して，2009 年 2 月 27 日付の朝日新聞に，「非正社員の失職 15 万 7 千人に　昨年 10 月〜3 月」という記事が掲載された。これを抜粋してみる。「厚生労働省は 27 日，昨年 10 月から今年 3 月に職を失う非正社員の数が 15 万 7806 人にのぼる見込みだと発表した。また，今春の就職予定者のうち内定を取り消された大学生や高校生は 1574 人で，いずれも先月の発表時に比べて 2 割以上増えた」。「職を失う非正社員の内訳は，派遣が 10 万 7375 人と 7 割近くを占め，期間従業員など契約社員が 2 万 8877 人，請負が 1 万 2988 人など。業種別では，製造業が 97％を占めた」。「一方，昨年 10 月から今年 3 月までに失業する見込みの正社員は，100 人以上が離職する事業所の集計だけで 9973 人にのぼり，先月の 6528 人から 3 千人以上増えた」。「内定が取り消されたのは，大学・短大生らが 1280 人で，高校生が 294 人だった。業種別では製造業が 332 人と最も多く，不動産（293 人），サービス業（266 人）が続いた。取り

消しの理由は,経営の悪化が1037人で,企業の倒産が520人だった」。

　また,2009年5月1日付の朝日新聞によると,雇用の悪化はさらに進行し,昨年10月から今年6月までに失職する非正社員が20万7381人に及ぶこと,正社員に関しては,3月中に届け出のあった「大量雇用変動届」(1ヵ月で30人以上の離職者を出す企業に義務づけられた報告書)の集計で,2万1732人に及ぶこと等が報告され,一層,深刻な状況となっている状況を読み取ることができる。このような状況は,長期的に考えれば,徐々に改善していくはずであるが,当面は,業績不振等から新規採用を大幅に控えていこうとする企業が多く,大学生や高校生にとっては,就職するのが非常に難しいという状況が続いてしまう可能性が大きい。

　こうしたリストラが進行していく具体的な背景に関して,フコク生命(www.fukoku-life.co.jp)のレポートでは,次のような分析が行われている。「非正社員の状況について確認してみる。02年から08年(1〜9月平均)にかけての変化をみると,役員を除く雇用者が211万人増加している中,正社員は87万人減少している一方で,非正社員は298万人増加している。増加の主な内訳を雇用形態別でみると,パートが105万人,派遣社員が96万人,契約社員・嘱託が84万人となっている。『経済情勢の変動に伴う事業活動及び雇用面への影響について(平成20年10月実施)』の,『現在の雇用過不足感についての状況について』の回答(「大きく過剰」「やや過剰」－「やや不足」「大きく不足」)をみると,契約社員・パートは-6.1ポイントと不足感がある一方で,派遣社員については+13.5ポイントと過剰感を抱いている結果となっており,特に,輸出型製造業においては+26.0％と大きな過剰感が出ている。こうした過剰感の強まりの結果が,現在とりざたされている非正社員の雇止めなどとして顕在化しているようだ」。

　つまり,この数年間,企業側は,自分たちの都合で正社員の数を減らして,その不足分を非正社員で賄ってきたが,今回の大不況の到来で,非正社員の余剰感がぐんと高まり,一気にそのリストラや

雇止め等に走ったと考えられる。また，企業側はそれでも人員の余剰感が残るため，さらに正社員のリストラを加速させている訳である。確かに，企業は営利を追求しなければならないが，「人間」あっての企業であるし，その点をもっと慎重に考える必要があるであろう。企業が営利の追求だけに奔走するようになっては，企業の社会的責任を果たせないのみならず，人間の職業生活は息苦しくなるだけで，生産性はむしろ低下してしまうように思えるからである。企業にとって，営利の追求は，もちろん大切なことであるが，「社会に対する貢献」や「人間中心」という観点もぜひ忘れないでほしいと願っている。その点でいえば，「人間」という存在を軽く扱っているようにみえる現代の日本の企業は，未だ社会において成熟した存在になり得ていないのではなかとも考えられる。「人間」を大切にしない組織は，決して発展していくはずはない。

　現代では，このような雇用の崩壊が生じているが，日本人の勤労に対する意識はどのようになっているのであろうか。労働政策研究・研修機構（2008）による「第5回勤労生活に関する調査」の結果をみることにする。

　それによると，日本型雇用慣行である「終身雇用」や「組織との一体感（会社や職場への一体感を持つこと）」を支持する割合は，2007年の時点でそれぞれ86.1％，84.3％と，2004年と比べて各々8.1ポイント，6.5ポイントの増加を示している（図4-1参照）。また，「年功賃金」を支持する割合も，2007年が71.9％，2004年が66.7％と，この間に5.2ポイント増加していることが分かる。21世紀に入ってから急速に進行した不安定な雇用（非正社員等）の増加や，急速な欧米型の競争の導入等により，このような日本型の雇用形態はほぼ消滅してしまったように感じられるが，もともと「集団」や「和」を重んじる日本人に，果たしてこうした欧米型の雇用形態が適当なのかどうか，今後ぜひ検証してもらいたいものである。経済のグローバル化があるとはいえ，何でもかんでも「競争」「成果主義」ということでは，日本人の良さが発揮されないどころか，心

4 キャリア発達と外的環境

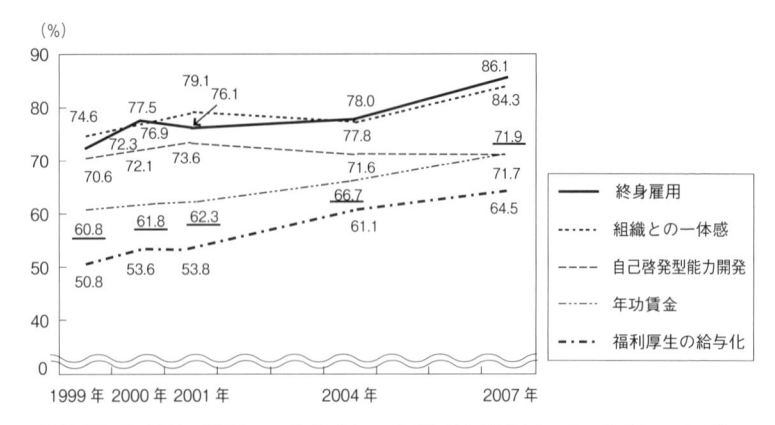

終身雇用，年功賃金，組織との一体感：「良いことだと思う」「どちらかといえば良いことだと思う」の合計
福利厚生の給与化，自己啓発能力開発：「そう思う」と「どちらかといえばそう思う」の合計
終身雇用：「1つの企業に定年まで勤める日本的な終身雇用」
組織との一体感：「会社や職場への一体感を持つこと」
自己啓発型能力開発：「組織や企業にたよらず，自分で能力を磨いて自分で道を切り開いていくべきだ」
年功賃金：「勤続年数とともに給与が増えていく日本的な年功賃金」
福利厚生の給与化：「社宅や保養所などの福利厚生施設を充実させるより，その分社員の給与として支払うべきだ」

図 4-1　日本型雇用慣行（労働政策研究・研修機構，2008）

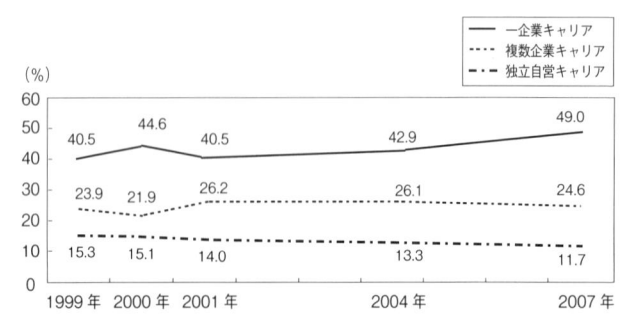

一企業キャリア：「1つの企業に長く勤め，だんだん管理的な地位になっていくコース」+「1つの企業に長く勤め，ある仕事の専門家になるコース」
複数企業キャリア：「いくつかの企業を経験して，だんだん管理的な地位になっていくコース」+「いくつかの企業を経験して，ある仕事の専門家になるコース」
独立自営キャリア：「最初は雇われて働き，後に独立して仕事をするコース」+「最初から独立して仕事をするコース」

図 4-2　望ましいキャリア形成（労働政策研究・研修機構，2008）

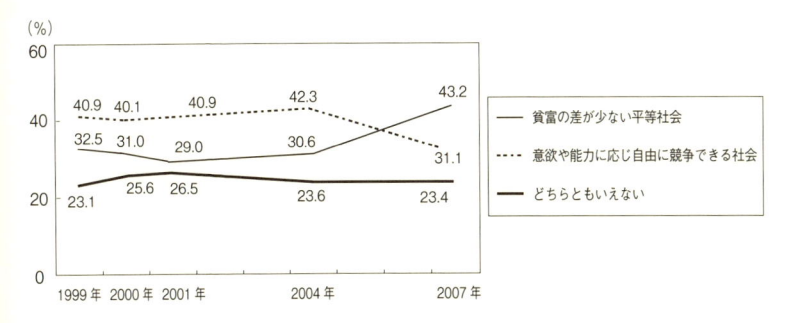

1. 昨今の状況

図 4-3　日本が目指すべき社会（労働政策研究・研究機構，2008）

図 4-4　社会意識（労働政策研究・研究機構，2008）

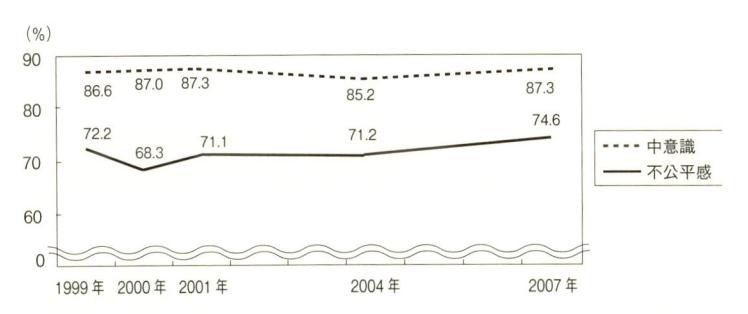

中意識：日本の社会全体を5つの層（上，中の上，中の中，中の下，下）に分けた場合に自分自身が入る層が，「中の上」，「中の中」，「中の下」だと思う人の合計
不公平感：一般的にいっていまの世の中について「あまり公平でない」，「公平でない」と思う人の合計

性を蝕んでいく可能性すら感じるからである。また，望ましいキャリアについて尋ねたところ（図 4-2 参照），1つの企業に長く勤める「一企業キャリア」を支持する割合が，2007 年で 49.0％（2004 年は 42.9％），「複数企業キャリア」が，2007 年で 24.6％（同 26.1％），「独立自営キャリア」が，2007 年で 11.7％（同 13.3％）と，「一企業キャリア」が大幅に上回っていることが分かる。このような日本人の指向性も，現状とはかけ離れているように思われ，近い将来，その改善が必要と考えられる。さらに，日本が目指すべき社会について尋ねた結果（図 4-3 参照）では，2007 年時点で「貧富の差が少ない

平等社会」を支持する割合が43.2%（2004年は30.6%），「意欲や能力に応じ自由に競争できる社会」が31.1%（同42.3%）と，2007年と2004年では，この両者の意識が逆転し，2007年では「貧富の差が少ない平等社会」を支持する割合が半数近くに及ぶという結果が得られた（これは，「階層意識・社会意識」を尋ねた図4-4の「社会に対する不公平感」の若干の増加傾向とも符合するように思われる）。この結果は，急激な競争社会の到来とその浸透が，多くの国民に戸惑いや不安を与えていると考えることもできるであろう。雇用や生活のセーフティーネットが十分存在しないあるいは機能しない現代の日本社会にあって，ここまでの急激な変化は，許容範囲を超えているとみることもできる。なお，この調査は，2008年秋に起こった大不況以前のデータであり，今後の調査によっては，さらに数字が大きく変化する可能性が考えられる。いずれにしても，日本人の勤労意識をしっかりと見つめながら，企業側も自らの雇用のあり方について考えを深めてもらいたいと思う。

　以上のように，大不況に見舞われた現代であるが，どのような状況であろうと，人間はこの社会を生き抜いていかなければならない。人間は当然，社会の影響を受けるが，その一方で社会に働きかけて，この状況を変えていく力を持っているはずである。その力を発揮し，現代の日本を立てなおしていく必要があるというのが現代なのかもしれない。

2. 青年の生活への影響

　2008年秋に始まる世界規模の大不況の影響は，大人のみならず，青少年を始めとする子どもにも大きな影響を与えている。直接的な影響としては，高校生や大学生の内定取り消しなどの問題があるが，間接的な影響としては，親のリストラに基づく家庭の収入の減少が子どもの退学や休学の問題など，いわば学びの問題に深刻な状況をもたらしているという現状がある。その影響が，将来を担う子ども

に重大な影響を与えているということで，早急な対策が必要とされている。

　2008年12月28日付の西日本新聞に，「不況風　高校生襲う　親失業学費払えず…」という記事が掲載された。「親の失業や収入減で学費が払えなくなり，高校を退学・休学しなければならなくなる生徒が目立っている。学費のみならず生活自体に困り，やむなくアルバイトをする生徒も増えているという。本来ならば受験勉強に遊びにと，それぞれの夢をはぐくむ冬休みなのに，経済不況の寒風は10代の若者にも容赦ない」。2009年3月31日付のnikkei BPnet（http://www.nikkeibp.co.jp）にも，「学費滞納率，4校に1校が5％超，4割超える高校も」と題する記事が掲載され，次のように，2008年度の全日制ならびに定時制の公立高校の学費滞納の深刻さが浮き彫りにされた。「2008年度は全日制の公立高校のほぼ4校に1校で，授業料などの滞納者が5％を超え，大阪府の高校では滞納者が42％にものぼる例が見つかった。日本高等学校教職員組合（日高教）が3月30日に調査結果をまとめた。調査は2008年10月に27道府県4政令市にある公立高校の事務職員や教員に実施し，235校（全日制194校，定時制41校）から回答を得た。授業料などの滞納について回答した全日制174校のうち43校で，滞納者が5％を超えた。定時制では回答した37校のうち26校で滞納者が5％を超え，40％を超える高校も3校あった。そのうち和歌山の1校では69.2％に達した。2008年度は，全日制6校と定時制2校が滞納を理由に退学や進級／卒業の延期などの処分を行った。家計状況が厳しい家庭に向けた授業料減免制度の利用実態を尋ねたところ，回答した全日制183校のうち5割強に当たる99校で，減免者の割合が10％を超えた。山口県の1校では減免者が40.8％を占めた。定時制では回答した40校のうち31校で10％を超え，6割を超える高校も2校あった。日高教によると，減免基準は厳格化しているが減免者は増加傾向にあるという。…」。

　また，「ブラジル人学校の子，半数が退学　親失業，学費払えず」

4　キャリア発達と外的環境

(朝日新聞　2009年2月6日付)という記事では,日本人のみならず,日本に暮らす外国人の子どもにも深刻な影響が及んでいる実態が明らかにされている。「不況で失業が相次ぐなか,ブラジル人学校の子どもの半数までが退学。こんな実態が文部科学省の会合で報告された。日経ブラジル人の親が企業から解雇され,学費が払えなくなったとみられる。公的な助成の乏しさから,学校も今後閉鎖するところが増えそうだという。報告されたのは,ブラジル人学校の関係者や行政の担当者らが集まって5日,文科省で開かれた会合。埼玉県鴻巣市でブラジル人学校を運営し,同種学校の協会の代表も務める○○さんは,全国の約90あるブラジル人学校のうち39校分の実態をまとめた。それによると,昨年11月以降,在籍者6367人の46％に当たる2928人が退学したという。日本の公立校に編入した子は1割程度にとどまり,4割は帰国したという。岐阜県庁の担当者によると,同県では1月末までに約3千人の日系ブラジル人が失業し,県内7校のブラジル人学校で児童・生徒が約4割減った。250人程度の子どもは行き先がなく,毎日家で過ごしているとみられる。この担当者は『言葉の問題もあって,公立校で受け入れても対応できる教師がおらず,高校進学もままならない。自治体だけで対処するのは困難で,国による緊急の対応が必要だ』と話す」。

　大学生に関する大規模な実態調査は行われていないようであるが,著者の身近でも「奨学金がもらえなければ退学するしかない」とか「親が失業して学費が払えない」,「食費を切り詰めている」という学生の声を聞くことがあり,大学生や大学院生にも,相当大きな影響が及んでいることが推測される。

　しかし,このような事態は,次の記事を読めば,2008年秋に起こった大不況よりかなり前の時点から,問題が深刻化していたことが分かる。

　2004年11月27日(読売新聞)には,「親失業,バイトで生活費やっと…私立校の学費滞納最高」という次のような記事が掲載された。「親が経営する会社の業績不振やリストラなど,家庭の経済的な事

2. 青年の生活への影響

情で 3 ヵ月以上学費を滞納している私立高校生が過去最高の 1.87%に上ったことが 19 日，全国私立学校教職員組合連合（全国私教連）の調査で分かった。1 校あたり約 17 人が滞納している計算で，全国私教連は『生活困窮家庭に対する学費減免制度や奨学金制度の拡充が必要』と訴えている。調査は今年 9 月，25 都府県の私立高校 170 校(生徒数計約 15 万 2000 人)を対象に実施した。それによると，3 ヵ月以上学費を滞納している生徒は 2849 人（1.87%）で，過去最高だった昨年の 1.49%を 0.38 ポイント上回り，1998 年の調査開始以来，最も高い割合となった。12 ヵ月以上の滞納者がいる高校は 31 校で，入学以来ほとんど学費を払っていない生徒もいた。また，経済的理由で今年 4 月以降に退学を余儀なくされた生徒も 119 人に上った。滞納や退学の理由では，『父親が失業中で，生徒はアルバイトをしているが，生活費がようやく足りる状況』（神奈川県内の高校），『親類の会社が倒産し連帯保証人の父親が差し押えを受けた』（新潟県内の高校）など，深刻なケースが相次いだ」。

　また，2009 年 6 月 16 日付の朝日新聞に「賃下げショック 3」という記事が掲載された。これによると，今年 3 月に関東・関西・東海地区の 22 ～ 39 歳の正社員 1086 名を対象とした調査で，男性の 28.6%，女性の 35.1%が副業経験があるというデータが示された。世界的な大不況に見舞われている今日，給料の引き下げが行われ，手取りが大幅に減少したことが原因らしいが，企業側も積極的に副業を認めるところが増え，やむにやまれずダブルワークに勤しむ人が増加しているそうである。「今年に入り，会社員のダブルワークが注目されている。富士通の子会社や東芝，日産自動車などの大企業が，相次いで減産による休業期間中の副業容認を打ち出した。従来，企業が副業を禁じてきたのは，本業がおろそかになったり，過労になったりする恐れがあるからだった。最近も，教育費や住宅ローン返済のため夜間にコンビニで働くという会社員が『体がもたねえ』などとつづった書き込みが，インターネットの世界で大きな話題になった。だが，フルタイムで働きながら，副業を持つ人は確実に増

4 キャリア発達と外的環境

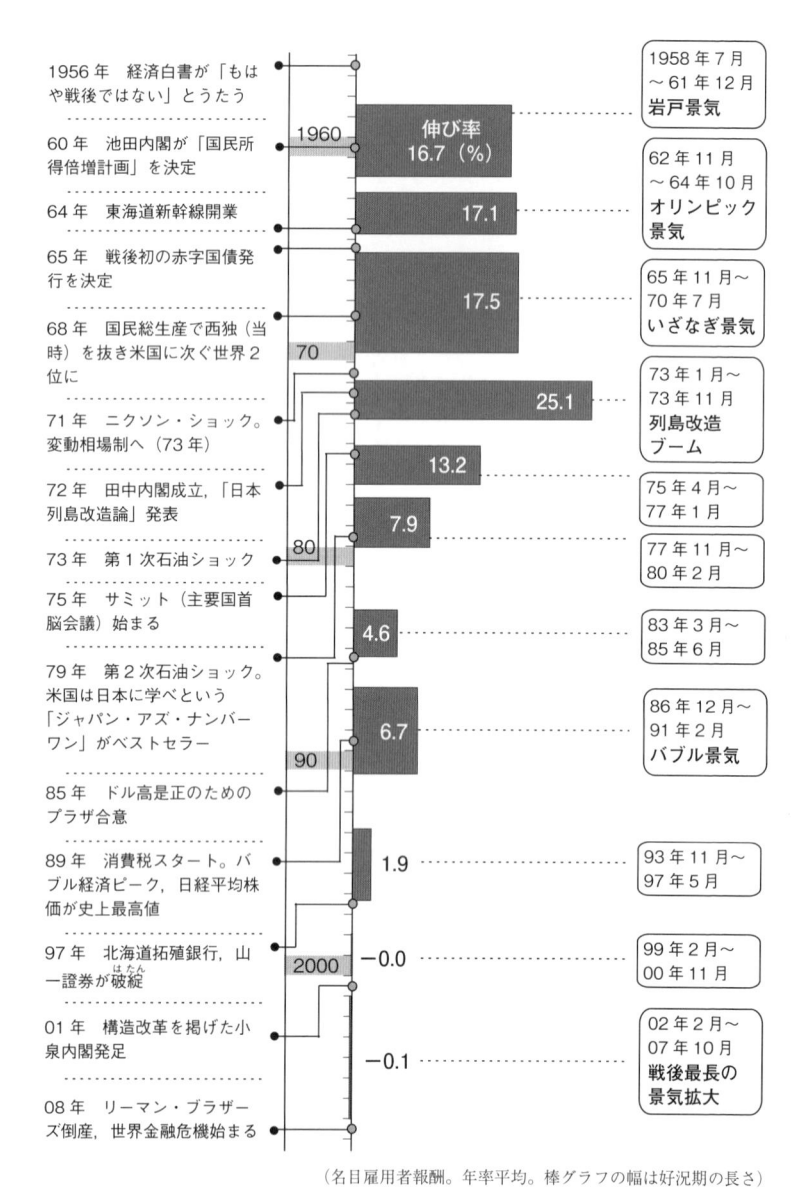

年	出来事	伸び率(%)	好況期
1956年	経済白書が「もはや戦後ではない」とうたう		1958年7月〜61年12月 岩戸景気
60年	池田内閣が「国民所得倍増計画」を決定	16.7	
64年	東海道新幹線開業	17.1	62年11月〜64年10月 オリンピック景気
65年	戦後初の赤字国債発行を決定	17.5	65年11月〜70年7月 いざなぎ景気
68年	国民総生産で西独(当時)を抜き米国に次ぐ世界2位に		
71年	ニクソン・ショック。変動相場制へ(73年)	25.1	73年1月〜73年11月 列島改造ブーム
72年	田中内閣成立,「日本列島改造論」発表	13.2	
73年	第1次石油ショック	7.9	75年4月〜77年1月
75年	サミット(主要国首脳会議)始まる		77年11月〜80年2月
79年	第2次石油ショック。米国は日本に学べという「ジャパン・アズ・ナンバーワン」がベストセラー	4.6	83年3月〜85年6月
85年	ドル高是正のためのプラザ合意	6.7	86年12月〜91年2月 バブル景気
89年	消費税スタート。バブル経済ピーク,日経平均株価が史上最高値	1.9	93年11月〜97年5月
97年	北海道拓殖銀行,山一證券が破綻	−0.0	99年2月〜00年11月
01年	構造改革を掲げた小泉内閣発足	−0.1	02年2月〜07年10月 戦後最長の景気拡大
08年	リーマン・ブラザーズ倒産,世界金融危機始まる		

(名目雇用者報酬。年率平均。棒グラフの幅は好況期の長さ)

図 4-5 日本経済の歩みと賃金の伸び(朝日新聞,2009年6月17日付朝刊)

えている」。給料カットについては,「パナソニック,管理職1万人 年俸カット　平均13％」(朝日新聞2009年6月23日付)等にも示されているように,昨年秋からの大不況下で,多くの企業が大幅な賃金のカットを進めている。朝日新聞(2009年6月17日付)に,「日本経済の歩みと賃金の伸び」という図(図4-5)が掲載された。これによると,2000年代に入った辺りから,労働者の賃金は減少に転じていることが分かる。つまり,2000年代に入った頃から,「いくら働いても賃金が減る」という時代になり,最近はその減少幅が一層増加しつつあるといえるであろう。労働者は容赦ないリストラとともに,容赦ない賃金カットの嵐にも見舞われ,八方塞がりの状況に追い込まれているとすらいえる。日本経済新聞(2009年6月22日付)には,「夏のボーナス大幅減額」という記事も掲載され,毎月の給料のみならず,大幅なボーナスカットという状況にも至っている。子どもたちの中にも,このような家計の逼迫を背景に,辛い状況に追い込まれる者がさらに増えていくことが懸念される。

　そもそも日本国民は,1990年代初頭のバブル崩壊以後の深刻な経済状況の中で,社会構造が大きく変化し,会社の倒産やリストラ,非正規雇用の増加と,それに伴う大幅な収入の減少という事態に遭遇した。2000年代前半からの「景気回復」とは名ばかりで,多くの国民がリストラや収入の減少の前に,「景気回復」を実感できずにいた(その一方で,いわゆる「勝ち組」と呼ばれる少数の人々との格差も拡大し2極化の様相を呈してきた)。こうした状況の中で,再び,2008年秋からの大不況に遭遇し,私立高校生のみならず,相対的に学費が安い公立学校の子ども等にも,その影響が拡大したと考えることができる。この影響はどこまで広がるのであろうか。富める家庭の子どもは十分な教育が受けられるが,一般家庭の子どもはそれができないということになれば,日本の社会自体が衰退してしまう。現代の政治家を始めとする大人は,「教育の機会均等」や「教育への投資」という意味を,もっと真剣に捉え直さなければならない時期に差しかかっているように思われる。

4 キャリア発達と外的環境

　現代の青少年にまつわる深刻な状況は,「生活保護世帯」に関する資料からも読み取ることができる。

　2009年3月3日付の朝日新聞によれば,全国で生活保護を受けている世帯が,2008年12月に115万9630世帯と過去最多となった。これは,前年同月と比べて4万6343世帯の増加で,「経済低迷による失業などで,生計の維持が難しい人が増えていることをうかがわせる結果」と考えられている。ちなみに,厚生労働省による1952年〜2007年の生活保護の統計を,図4-6に示す（http://www2.ttcn.ne.jp による）。これによれば,1990年代初頭のバブル崩壊以後,生活保護世帯数が急激に増加していることを読み取ることができる。1ヵ月平均の生活保護世帯数が初めて100万世帯を超えたのは,2005年（104.2万世帯）であるが,その後,2006年は107.6万世帯,2007年は110.5万世帯にまで増加している。

　このサイト（http://www2.ttcn.ne.jp）では,1952年から最近に至る「生活保護世帯数及び保護率（人口に対して保護を受ける人の割合）の増減と時代の特徴との関連性」について分析が行われてお

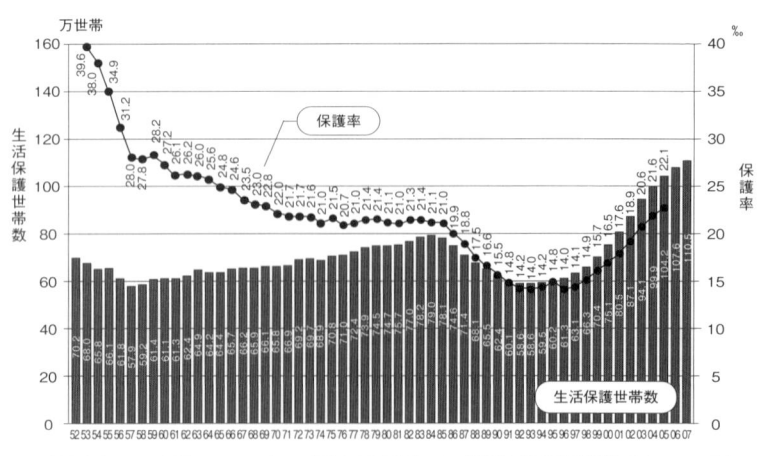

（注）年度の1か月平均のデータである。保護率は社会保障・人口問題研究所「「生活保護」公的データ一覧」
（資料）厚生労働省「社会福祉行政業務報告（福祉行政報告例）」

図4-6　生活保護世帯数と保護率の推移

り，1990年代以降について，次のような考察がなされている。「1990年代以降は，再度，生活保護世帯数，保護率とも上昇に転じており，これが近年注目されるところとなっている。景気の低迷，雇用構造の変化（流動化），所得水準の伸び悩みなどが複合的に作用していると考えられる。なお，横ばいに転じている保護基準以上に一般世帯の所得水準が下がり，生活保護給付水準は結果として上昇し対象範囲が拡大していることも保護率上昇の一因となっている（03〜04年度は景気回復効果で所得水準が下がり，保護基準は逆に下げられたので保護率上昇を抑える方向に転じた）」。この考察にもあるように，1990年代以降の保護世帯数ならびに保護率の上昇の背景には，景気の低迷や雇用の問題などがあることが理解される。もちろん，高齢者世帯の増加の要因も無視できないと考えられるが，このような景気や雇用の問題がかなり大きな要因として作用しているという現状をしっかりと理解しておかなければならない。生活保護世帯では，必然的に子どもの教育に十分な経済的な援助ができないことが多く，それが子どもの人生に大きな影響を与え，「学びたくとも学べない」という状況を生み出している可能性も大きい。「教育」は，日本（あるいは世界）の未来に対する「投資」である。これが蔑ろにされる社会だとすれば，その社会に「未来」はない。今こそ，国民のことを真剣に考える政治が必要とされているのではないかと思われる。

3. いつか来た道（バブル景気とバブル崩壊）

2008年の秋から，日本も含む世界的な大不況が到来したが，このような経済的・社会的な混乱状態は，もちろん今回が初めてではない。

比較的近い過去である1980年代後半から1990年代初頭には，いわゆる「バブル景気」と呼ばれる好景気があったが，そのバブル崩壊から2000年代初頭に至る時期に，「平成不況」と呼ばれる大不況

を経験した。その後,2000年代初頭から2007年頃にかけては,いわゆる「いざなみ景気」と呼ばれる長期的な景気回復の時期を経て,今回の大不況が到来したことになる。

まさに,歴史は繰り返すということである。過去のバブル景気とそのバブルの崩壊から学んでいなかったからこそ,それと同じような大不況を経験することとなった。

ここでは,『BIGLOBE百科事典』に基づいて,かつてのバブル景気とその崩壊について簡単に辿りながら,今回の大不況を見つめつつ,特に大学生に対して提言を行いたいと思う。

日本のバブル景気は,1986年12月～1991年2月の4年3ヵ月を指すというのが通説である。バブル景気の引き金になったのは,アメリカの貿易赤字解消を目指して主要国が合意した円高ドル安政策(プラザ合意)である。これによって急激な円高が進行し,過剰になった資金が不動産や株式投資に向かい,一気に活発な経済状況が到来した。輸入品のコストの減少による企業収益の増大,公共事業の拡大,賃金の増加などで,潤沢な資金が生まれた。これらの資金は,土地や住宅の取得,財テク,海外投資,活発な消費などに向かい,地価や住宅の高騰をもたらした。企業が,さかんに海外の不動産や企業の買収なども行った。著者は,この時,大学教員の駆け出しであったが,給料はどんどん上がる,銀行の預金利率は高いという時代を経験した。お金を遣っても,またどんどん入ってくるということで,金銭面では何の苦労もせずに済んだ時代であった。無理してローンを組むこともできたし,それがむしろステイタスとなり,それ自体に何の不安も感じずに過ごしていた人が多かったように記憶している。まさに「いけいけどんどん」で生きていけるような時代であった。その時は,誰もこれがバブルで,その後崩壊するなどとは,夢にも思っていなかったのではないだろうか。ましてや,まだ30代そこそこの著者は,ある意味自分のことで精一杯であったこともあり,その状況について客観的に考えるということはなく,時代の流れの中に何となく漂いながら,ただバブルに踊らされてし

まっていたように思う。当時の研究者を目指す大学院生も，大学教員等の需要がそれなりにあり，希望を持って生き生きと人生を進めていくことができていたように思う。今となっては，「夢か幻」のような時代であった。

　当然のことながら，この時代，学生の就職も活況をきわめ，極端な「就職売り手市場」となった。著者の研究室の4年生も，夏休み前までに複数の企業から内定をもらい，夏休みを謳歌していた姿を思い出す。内定をもらった企業に対して，（後輩のこともあるので）どのように断ればいいかという相談を受けたこともある。『BIGLOBE百科事典』には，この点に関して次のような記述がある。「民間企業が好景気を受けた好業績を糧に，更に営業規模を拡大したり経営多角化を行うために募集人員を拡大し，学生の獲得競争が激しくなった。多くの企業が学生の目をひきつけることを目的にテレビで企業広告を行い，立派な企業パンフレットを作成・配布して学生の確保に走った他，青田買いの一環として，都市部の大学生が主宰するイベント系サークルやそれらが企画するイベントへの協賛を行った。なお，学生の確保に成功した企業が内定者を他社に取られないようにするため，内定学生を国内旅行や海外旅行に連れ出し，他社と連絡が出来ないような隔離状態に置く，いわゆる「隔離旅行」まで行った。『人事担当者が内定を断った学生に暴行を働いた』というような都市伝説まで囁かれるようになった。…有効求人倍率は，1991年に1.40倍を記録。リクルートの調査では，最高値の1991年卒の大卒求人倍率が2.86倍になった。この時代に大量に採用された社員を指してバブル就職世代ともいわれる。社内では同世代の人数が多く，社内での競争が激しくなり，一方で，就職直後にバブル崩壊を受けて業務が削減され，それぞれの社員が切磋琢磨する機会も減った。また以後の採用が減ったことから『後輩』『部下』がおらず，長く現場の最前線に立たされ昇進もままならない者も多かった」。もう少し，具体的にみてみよう。「農林水産業や製造業などの分野と比較して，銀行や証券といった金融分野が大幅に収益を伸ば

し，これらの業界は，さらに高度な金融商品の開発に充(あ)てる人材の確保を意図して，理系の学生の確保に動いた。また，バブル景気の浮かれた雰囲気の中で，電通やサントリー，カネボウやフジテレビなどの，広告出荷量の多い，もしくはマスコミなどの華やかなイメージの企業の人気も高まり，文系学生のみならず理系の学生もがこれらの企業に殺到した。…好業績で注目を浴び高い給料を提示する金融業や華やかな業界への就職希望が増えたのに対し，製造業では学生の確保に苦労することになった。理系の学生が，産業界以外の分野，殊に金融業やサービス業へ就職することを指して文系就職ともいわれた。これに対応するため，多くの製造業が初任給を引き上げる動きに出たが，場合によっては既に在籍している社員よりも高い俸給が提示されることもあり，不公平であるとの批判も起こった」。このような状況が，その後暗転してしまうことを，誰も予想できなかった時代であった。しかし，すべてが「上昇，上昇」というかたちで動いていた時代は，それほど長くは続かなかったのである。

　1989年頃には，「平成景気」と呼ばれる超好景気となったが，実体経済の成長では到底説明ができないバブル経済であったため，やがてこのバブルは崩壊していくこととなる。1989年末頃から，日銀がバブル経済の解消を目的に金融緩和政策から金融引き締め策に転じ，1990年1月の株価暴落後もこの政策を継続した。その後，地価等が暴落し，いわゆるバブル崩壊（1990年11月頃）に至った。企業は，設備，雇用，債務の重しを抱え，過剰な雇用による人件費を圧縮するために，新規採用の抑制を開始した。この点について，BIGLOBE百科事典の記述を引用する。「景気が後退し，地価・株価が下落すると共に，従前金融機関が多額の融資をしていた企業の業績も悪化し，返済が順調に行えない企業も出てきた。…すぐに景気は回復して損失も回復できると期待し，直ちに債権を処分して損失を処理・確定することを躊躇(ためら)わせたが，この間も混迷の度合いは深まり，不良債権はその数と額を増して重篤化(じゅうとくか)した」。「北海道拓殖銀行（拓銀），日本長期信用銀行（長銀），日本債権信用銀行，山一

3. いつか来た道（バブル景気とバブル崩壊）

證券が，バブル崩壊後の不景気の中で，不良債権の増加や株価低迷のあおりを受けて破綻した。政府は当初，大手金融機関は破綻させないという方針を取っていたが，1995年頃より『市場から退場すべき企業は退場させる』という方針に転じ，不良債権の査定を厳しくして経営状態の悪い金融機関も破綻・再生する処理にかかった」。雇用の問題に関しては，次のような記述がある。「リクルートワークス調査によれば，企業の新規採用はバブル景気崩壊の1991年（約84万人）をピークに1997年（約39万人）まで減少した。…終身雇用が重視されていた当時の風潮の下では在籍している社員を解雇するのが困難だったために，過剰人員を削減する手段を新規採用の抑制に求めたことがその大きな理由である。この時期は人口が多い第二次ベビーブーム世代が就職する時期に重なったために，競争が激化して就職が極めて困難になった。俗に言う就職氷河期の到来である。就職できなかった多くの若者はフリーターやニートとなり，就職氷河期世代と呼ばれ，彼らの生活・雇用の不安定さ，社会保障の負担が充分できずにセーフティーネットから漏れてイザという時に直ちに困窮する状態に陥るなど，大きな社会問題となっている…2003年頃からようやく景気が回復に転じた頃，企業を長らく支えてきた団塊の世代の一斉退職が目前に迫っていた。…このため企業は急いで人員の確保に走り，2005年には新卒の求人倍率はバブル景気と期と同程度までに回復し，2007年度の新卒大学生の求人状況は，『バブル景気時以上』といわれるほどの水準に達した」。この就職氷河期とは，およそ1993年から2005年の時期を指すが，2008年秋からの大不況は，あるいはこの歴史の繰り返しとみることもできる。

　このように，経済の好・不況は繰り返し起こる。今まで好景気だからといって，それがその後も続くとは限らない。いつ，不況が到来するかわからないわけである。であるから，世の中の状況を頼りにしたキャリア決定は，非常に危険である。人気があるとか人気がないとか，賃金が高い・安いなどの観点だけからキャリアを見つめ

てしまうと，自分が就職する頃にはその状況が一変してしまっていたり，社会の構造自体が変化を遂げてしまっていたりする可能性もある。好景気になると企業への就職希望が増え，不況になると公務員希望が増えるというのも，ごく当然のこととはいえ問題がないともいえない。なぜなら，自己のキャリア決定が状況に振り回されているようにみえるからである。どのような状況であっても，自己のキャリアをしっかりと見つめることができるように，普段から継続して自己形成の営みを行っておくことが重要と考えられる。自明のことであるが，人生は一度きりなのである。

4. 時代の中を生きる人間

　人間が人生を進めるという時，一般的には，その人の人生のみに焦点が当てられがちである。例えば，自分の人生をどう進めていこうかとか，何を目標に生きていこうかなどと考えるものである。これはごく当然のことである。しかし，視点を少し変えて世の中の動きというものをじっくりと見つめてみると，実は，人間の人生は，自分自らの動きのみならず，社会や世の中の動きとも連動していることに気づくはずである。例えば，前項で取り上げたような「バブル景気」や「バブル崩壊」などがあると，それはその時代に生きる人間に否応なしに影響を与えるし，その影響を排除した人生などあり得ないことに気づくであろう。つまり，人間の人生は，個人の人生の歩みとともに，その個人が生きている時代や社会のありようという双方の関連のもとに成立していると考えられる。

　心理学者エリクソン（Erikson, E. H.）は，人間の人生がこのような社会の変動や歴史と密接不可分に関わっていることを示し，多くの歴史上の有名な人物（政治家や学者など）の人生について分析を行った。ガンジー（Gandhi, M.）やルター（Luther, M.），ヒトラー（Hitler, A.），ゴーリキー（Golky, M.），ジェファーソン（Jefferson, T.），ルーズベルト（Roosevelt, F.）など数多くの人物の人生を，

4. 時代の中を生きる人間

彼らが生きた時代との関連で記述していった。また，それらの関連のみならず，時に彼ら自身がその社会や時代に影響を与え，社会や時代を変えていくプロセスをも記述していった。エリクソンのこの個人の歴史をマクロな歴史や時代と重ね合わせて検討していこうとする方法論は，「心理歴史論（psychohistory）」と呼ばれるが，これはまさに，変転する時代の中を駆け抜ける人間の実像を記述するものである。エリクソンが扱ったのは，あくまでもその典型例としての偉人であったが，これは偉人のみならずわれわれ人間のすべてに該当する事柄である。つまり，すべての人間は，ある歴史的な背景に基づくある時代に生を受け，その時代や社会との関わりの中で自己の人生を進めていくわけである。人間は，時代を選んで生きることはできないが，自らの人生を送る中で，受け身的にその時代や社会を生きていくこともできる。他方，不満や矛盾を感じるのであれば，自らその時代や社会のありようを変えていくことも可能である。エリクソンの「心理歴史論」のパラダイムは，われわれにこのようなことを教えてくれているのではないかと考えられる。

　この観点から，現代社会に生きる人間について考えてみよう。2008年秋に生じた世界規模の大不況は，未曾有の大不況といわれている。100年に1度の大不況とも形容される。しかし，これが現実である。しかも，前にも見たように，このような事態は，これまでも繰り返されてきたという経緯がある。人間は過ちを犯す生きものではあるが，それも含めて様々な要因が絡まってこの状況に至ったと考えることができる。人間一人ひとりが過去の歴史に学ばない限り，このような事態はいつでも起こり得る可能性がある。社会やその時代というものは，当然，人間一人ひとりが作り上げていくものであるが，それは逆に，作り上げた社会が人間一人ひとりに影響を与えるという密接不可分な関係にあるということを認識しておく必要がある。社会や時代というものは，静的な存在ではなく，一方で人間の行動を規定する存在のみならず，人間の動きに応じて変貌を遂げていかざるを得ない存在でもある。

しかし，大学生を始めとする青年は，おそらく社会や時代を自らが作り上げてきたという実感は少ないであろう。いわゆる「大人」がしてきたことと考えるのが普通のことである。確かに，中学生や高校生までは，多くの人がまだ教育を受ける立場にあり，主体的なかたちで社会と関わるという経験はほとんどしていなかったということができよう。選挙権もないことから，社会や時代との関わりといっても，ピンとこないはずである。しかし，大学生は明らかにそれとは違うはずである。徐々に大人への階段を上ってきた彼らは，確実に社会や時代と関わっているということを色々な場面で知ることになる。「選挙」や「就職」の問題もあるし，それ以外にも，自らの人生を進めていく上で登場する様々な問題があるであろう。このような諸問題に直面した時，深い不安や悩み，迷いなどに襲われることもあるし，場合によっては絶望感にとらわれることすらあるかもしれない。社会の矛盾や不条理を感じ，いたたまれない思いを抱いてしまう可能性もある。しかしこれは，まさに青年が自ら生きている社会や時代と直面していることを示す証拠である。

　中学生や高校生という年代では，まだ社会を構築していくという力はそれほど強いとはいえない。しかし，大学生ないしそれ以降であれば，場合によってはその社会や時代に積極的に働きかけて，それを変えていくことができるはずである。そのための適切な方法や手段を操ることができるはずである。もちろん，自らにとって快適な社会や時代であれば，特に変革の必要はないともいえるが，よりよい社会にしていくためには，常に発展的な変革が求められるとも考えられる。

　青年は，自らの力によって，その社会や時代を変革することができる存在である。もし，自分たちが生きにくい社会であれば，自らの力でそれを変えていけばよい。現在の状況をただ受け身的に受け入れる必要など全くない。青年には，時代の中を逞しく駆け抜けていく存在として，常に前向きにかつ辛抱強く，人生の歩みを進めてほしいと願っている。

引用文献

朝日新聞　2009　ブラジル人学校の子，半数が退学　親失業，学費払えず（2月6日）
朝日新聞　2009　非正社員の失職15万7千人に　昨年10月～3月（2月27日）
朝日新聞　2009　生活保護世帯数，最多更新　昨年12月，厚労省まとめ（3月3日）
朝日新聞　2009　非正社員の失職，20万人超す見込み　厚労省調査（5月1日）
朝日新聞　2009　賃下げショック3（6月16日）
朝日新聞　2009　日本経済の歩みと賃金の伸び（6月17日）
朝日新聞　2009　パナソニック，管理職1万人年俸カット　平均13%（6月23日）
BIGLOBE百科事典　バブル景気
厚生労働省　2008　生活保護世帯数と保護率の推移（www2.ttcn.ne.jpより）
フコク生命　さらに厳しさを増す雇用環境（www.fukoku-life.co.jp）
日本経済新聞　2009　夏のボーナス大幅減額（6月22日）
nikkei BPnet　2009　学費滞納率，4校に1校が5%超，4割超える高校も（www.nikkeibp.co.jp）
西日本新聞　2008　不況風　高校生襲う　親失業学費払えず（12月28日）
労働政策研究・研修機構　2008　「第5回勤労生活に関する調査」結果
読売新聞　2004　親失業，バイトで生活費やっと…私立高の学費滞納最高（11月27日）

5 キャリア発達の捉え方

　本章では，キャリア発達を捉える幾つかの方法について紹介する。これらに取り組みながら，あなたのキャリア発達の現状について知るとともに，あなたのこれからの人生について，目を向けていただければと思う。

1. 進路・職業未決定

(1) 職業未決定尺度（下山，1986）
[教示]
　次の38項目について，現在のあなたに当てはまる程度を，3件法（あてはまる＝3, どちらともいえない＝2, あてはまらない＝1）で回答し，各項目のカッコ内に，それぞれ該当する数字を記入してください。

[質問項目]
（未熟）
①　自分の将来の職業については，何を基準に考えたらよいのかわからない。（　）
②　将来自分が働いている姿が全く思い浮かばない。（　）
③　これまで，自分自身で決定するという経験が少なく，職業決定のことを考えると不安になる。（　）
④　自分一人で職業を決める自信がない。（　）
⑤　今の状態では，自分の一生の仕事などみつかりそうもない。（　）
⑥　自分が職業としてどのようなことをやりたいのか分からな

い。(　)
(混乱)
　① 望む職業につけないのではと不安になる。(　)
　② 職業決定のことを考えると，とても焦りを感じる。(　)
　③ 自分の職業については，いろいろ計画をたてるが，一貫性がなく，次々に変化していく。(　)
　④ 誤った職業決定をしてしまうのではないかという不安があり，決定できない。(　)
　⑤ 私は，いつも自分で実現できないような仕事ばかり考えている。(　)
　⑥ 職業につけたとしても，うまくやっていく自信がない。(　)
　⑦ 将来の職業のことを考えると気が滅入ってくる。(　)
　⑧ 私は，あらゆるものになれるような気持になる時と，何にもなれないのではないかという気持になる時がある。(　)
(猶予)
　① せっかく大学に入ったのだから，今は職業のことは考えたくない。(　)
　② できることなら職業決定は，先に延ばし続けておきたい。(　)
　③ 職業決定と言われても，まだ先のことのようでピンとこない。(　)
　④ 自分にとって職業につくことは，それほど重要なことではない。(　)
　⑤ 将来の職業については，考える意欲が全くわかない。(　)
　⑥ 職業のことは，大学4年生になってから考えるつもりだ。(　)
　⑦ できることなら，職業など持たず，いつまでも好きなことをしていたい。(　)
(模索)
　① 将来，やってみたい職業がいくつかあり，それらについていろいろ考えている。(　)
　② 職業を最終的に決定するのはまだ先のことであり，今はいろ

いろなことを経験してみる時期だと思う。（　）
③　職業に関する情報がまだ充分にないので，情報を集めてから決定したい。（　）
④　将来の職業については，いくつかの職種に絞られてきたが，最終的にひとつに決められない。（　）
⑤　これだと思う職業がみつかるまでじっくり探していくつもりだ。（　）
⑥　職業は決まっていないが，今の関心を深めていけば職業につながってくると思う。（　）

（安直）
①　生活が安定するなら，職業の種類はどのようなものでもよい。（　）
②　自分がどのような職業に適しているのかわからない。（　）
③　自分を採用してくれる所なら，どのような職業でもよいと思っている。（　）
④　自分の知っている職業の中で，やりたいと思う職業がみつからない。（　）
⑤　できるだけ有名な所に就職したいと思っている。（　）
⑥　できることなら誰か他の人に自分の職業を決めてもらいたいと思うことがある。（　）
⑦　学歴や"ツテ"を利用してよい職業につきたい。（　）

（決定）
①　自分の職業計画は，着実に進んでいると思う。（　）
②　自分のやりたい職業は決まっており，今は，それを実現していく段階である。（　）
③　自分の職業決定には自信を持っている。（　）
④　自分なりに考えた結果，最終的にひとつの職業を選んだ。（　）

［結果の整理］

「未熟」「混乱」「猶予」「模索」「安直」「決定」の6つのカテゴリー

ごとに,項目得点の合計を算出し,それを各項目数で除する。得点は,小数点2位以下を四捨五入し,小数点1位まで算出する。

[解釈]
「未熟」「混乱」「猶予」「安直」は,職業未決定の方向のカテゴリー,「模索」「決定」は,職業決定の方向のカテゴリーであり,数値が高いほどその傾向が高いことを意味する。ここでは,便宜的に,2.0を上回る場合に,その各々の傾向が高い,あるいは,2.0を下回る場合に,それらの傾向が低いと判断しておきたい。

(2) 進路不決断尺度(清水,1990)
[教示]
次の30項目について,現在のあなたに当てはまる程度を,5件法(よくあてはまる=5,ややあてはまる=4,どちらともいえない=3,ややあてはまらない=2,まったくあてはまらない=1)で回答し,各項目のカッコ内に,それぞれ該当する数字を記入してください。

[質問項目]
(職業決定不安)
① 将来の職業を決めることに対して不安がある。( )
② 将来,職業を決めることがうまくいくかどうか心配である。( )
③ どのようにして職業を決めればよいのかわからないので不安である。( )
④ 将来の職業を決めることがばくぜんとしていて不安である。( )
⑤ 就職先を決めることのむずかしさを考えると不安になる。( )
(職業選択葛藤)

1. 進路・職業未決定

① いろいろなことに興味があるので，どの職業を選んだらよいのかわからない。（　）
② 魅力ある職業がいくつもあるので，将来の職業を決められない。（　）
③ 可能性のある将来の職業がたくさんあるので，どれにしたらよいのかわからない。（　）
④ いろいろと考えすぎて，自分に合う職業が決まらない。（　）
⑤ ほかの人の意見がいろいろとあるので，自分に合う職業を決めることができない。（　）

（職業相談希求）
① 職業選択の問題は重要なことなので，誰かと相談したい。（　）
② 今までも重大な問題は親などと相談してきたので，職業選択の問題でも相談したい。（　）
③ 自分一人で何かを決めた経験が少ないので，将来の職業について誰かと相談したい。（　）
④ 将来の職業について，誰かと相談や話し合いをしたい。（　）
⑤ 自分に合う職業を教えてくれるような検査を受けたい。（　）

（職業障害不安）
① 将来の職業について希望はあるが，それに親が反対するのではないかと心配である。（　）
② 思わぬことで希望する職業につくことができないかもしれないと不安である。（　）
③ 将来の職業について，友達と意見が違うのではないかと心配である。（　）
④ 社会の変化や景気の変動が，希望する職業に大きな影響を与えるのではないかと不安である。（　）
⑤ 何かの影響で希望する職業につくことができなくなるのではないかと心配になる。（　）

（職業外的統制）
① 就職先の決定は，運や偶然によって決まることが多い。（　）

② 就職先の決定は，自分一人の力ではどうしようもない。（　）
③ 自分の努力や能力よりも，他からの影響で就職が決まることが多い。（　）
④ 自分だけでは，職業は決定できない。（　）
⑤ 将来の職業のために積極的に努力するよりは，チャンスを待つ方がよい。（　）

（職業情報不足）
① 自分の興味や関心がよくわからないので将来の職業が決まらない。（　）
② 自分の能力や適性がよくわからないので将来の職業が決まらない。（　）
③ 就職した後での職業生活のようすがよくわからないので，将来の職業が決まらない。（　）
④ 進路先を決めるために必要な具体的な情報がないので将来の職業が決まらない。（　）
⑤ 自分のことについても，職業のことについても，よくわからないので，将来の職業が決まらない。（　）

［結果の整理］

「職業決定不安」「職業選択葛藤」「職業相談希求」「職業障害不安」「職業外的統制」「職業情報不足」の６つのカテゴリーごとに，項目得点の合計を算出し，それを項目数（この場合は，すべて５）で除する。得点は，小数点２位以下を四捨五入し，小数点１位まで算出する。

［解釈］

この６つのカテゴリーは，進路不決断のカテゴリーであり，数値が高いほどその傾向が高いことを意味する（本尺度は，本来は中学生を対象として開発されたものであるが，内容から考えて大学生においても利用可能と判断した）。ここでは，便宜的に，各々の平

均得点が 4.0 を上回る場合に，それらの傾向が高い，あるいは，2.0 を下回る場合に，それらの傾向が低いと判断しておきたい。なお，「職業外的統制」とは，自分が職業を決定する際に，自分の努力や能力などの内的要因よりも，運や偶然などの外的要因によって決まると感じやすい傾向を意味する。

(3) 進路選択に対する自己効力尺度（浦上，1995）
[教示]
　次の 30 項目について，現在のあなたの自信の程度を，4 件法（非常に自信がある = 4, 少しは自信がある = 3, あまり自信がない = 2, 全く自信がない = 1）で回答し，各項目のカッコ内に，それぞれ該当する数字を記入してください。

[質問項目]
① 自分の能力を正確に評価すること。（　）
② 自分が従事したい職業（職種）の仕事内容を知ること。（　）
③ 一度進路を決定したならば，「正しかったのだろうか」と悩まないこと。（　）
④ ５年先の目標を設定し，それにしたがって計画を立てること。（　）
⑤ もし望んでいた職業に就けなかった場合，それにうまく対処すること。（　）
⑥ 人間相手の仕事か，情報相手の仕事か，どちらが自分に適しているか決めること。（　）
⑦ 自分の望むライフスタイルにあった職業を探すこと。（　）
⑧ 何かの理由で卒業を延期しなければならなくなった場合，それに対処すること。（　）
⑨ 将来の仕事において役に立つと思われる免許・資格取得の計画を立てること。（　）
⑩ 本当に好きな職業に進むために，両親と話し合いをすること。

( )
⑪ 自分の理想の仕事を思い浮べること。( )
⑫ ある職業についている人々の年間所得について知ること。( )
⑬ 就職したい産業分野が、先行き不安定であるとわかった場合、それに対処すること。( )
⑭ 将来のために、在学中にやっておくべきことの計画を立てること。( )
⑮ 欲求不満を感じても、自分の勉強または仕事の成就まで粘り強く続けること。( )
⑯ 自分の才能を、最も生かせると思う職業的分野を決めること。( )
⑰ 自分の興味を持っている分野で働いている人と話す機会を持つこと。( )
⑱ 現在考えているいくつかの職業のなかから、一つの職業に絞り込むこと。( )
⑲ 自分の将来の目標と、アルバイトなどでの経験を関連させて考えること。( )
⑳ 両親や友達が勧める職業であっても、自分の適性や能力にあっていないと感じるものであれば断ること。( )
㉑ いくつかの職業に、興味を持っていること。( )
㉒ 今年の雇用傾向について、ある程度の見通しを持つこと。( )
㉓ 自分の将来設計にあった職業を探すこと。( )
㉔ 就職時の面接でうまく対応すること。( )
㉕ 学校の就職係や職業安定所を探し、利用すること。( )
㉖ 将来どのような生活をしたいか、はっきりさせること。( )
㉗ 自分の職業選択に必要な情報を得るために、新聞・テレビなどのマスメディアを利用すること。( )
㉘ 自分の興味・能力に合うと思われる職業を選ぶこと。( )
㉙ 卒業後さらに、大学、大学院や専門学校に行くことが必要な

のかどうか決定すること。（　）
㉚　望んでいた職業が，自分の考えていたものと異なっていた場合，もう一度検討し直すこと。（　）

[結果の整理]
　この30項目は，進路選択に関する自己効力の程度を測定するものである。「自己効力」とは，「（あることについて）自分がうまくできるという予期の認知」を意味する。これら30項目の得点の合計を算出し，それを項目数（30）で除する。得点は，小数点2位以下を四捨五入し，小数点1位まで算出する。

[解釈]
　数値が高いほど，自己効力の傾向が高いことを意味する。ここでは，便宜的に，3.0を上回る場合に，その傾向が高い，あるいは，2.0を下回る場合に，その傾向が低いと判断しておきたい。

(4) 成人キャリア成熟尺度（坂柳，1999）
[教示]
　次の30項目について，現在のあなたに当てはまる程度を，5件法（よくあてはまる＝5，ややあてはまる＝4，どちらともいえない＝3，あまりあてはまらない＝2，全くあてはまらない＝1）で回答し，各項目のカッコ内に，それぞれ該当する数字を記入してください。

[質問項目]
（職業キャリア関心性）
①　自分のこれからの職業生活には，大変関心を持っている。（　）
②　職業生活や仕事に役立つ情報を，積極的に収集するようにしている。（　）
③　自分は何のために働いているのか，あまり考えたことがない。

( ) *
④ これからの職業生活をより充実したものにしたいと強く思う。( )
⑤ これからの職業生活に関係する本や雑誌などは，ほとんど読まない。( ) *
⑥ 職業生活の設計は自分にとって重要な問題なので，真剣に考えている。( )
⑦ どのように働くべきかということは，あまり気にならない。( )
⑧ 充実した職業生活を送るために参考となる話は，注意して聞いている。( )
⑨ どうすれば職業生活をよりよく送れるのか，考えたことがある。( ) *

(職業キャリア自律性)
① 自分の職業生活を主体的に送っている。( ) *
② 職業の送り方には，自分で責任をもつ。( )
③ 働いていてもつまらないと思うことが，しばしばある。( ) *
④ 自分から進んで，どんな職業生活を送っていくのか決めている。( )
⑤ 職業生活が充実しないのは，大半は周囲の環境によると思う。( ) *
⑥ 職業生活で難しい問題に直面しても，自分なりに積極的に解決していく。( )
⑦ 周りの雰囲気にあわせて，職業生活を送っていけばよい。( ) *
⑧ 充実した職業生活になるかどうかは，自分の意志と責任によると思う。( )
⑨ これからの職業生活を通して，さらに自分自身を伸ばし高めていきたい。( )

(職業キャリア計画性)

① これからの職業生活について、自分なりの見通しをもっている。（　）
② これからの職業生活で、取りくみたいことがいくつかある。（　）
③ 職業設計はあるけれど、それを実現するための努力は得にしていない。（　）＊
④ 自分が望む職業生活を送るために、具体的な計画をたてている。（　）
⑤ これからの職業生活で何を目標とすべきか、わからない。（　）＊
⑥ 希望する職業生活が遅れるように、努力している。（　）
⑦ これから先の職業生活のことは、ほとんど予想がつかない。（　）＊
⑧ 今後どんな職業生活を送っていきたいのか、自分なりの目標をもっている。（　）
⑨ 自分が期待しているような職業生活を、この先実現できそうである。（　）

[結果の整理]

「職業キャリア関心性」「職業キャリア自律性」「職業キャリア計画性」の3つのカテゴリーごとに、項目得点の合計を算出し、それを項目数（この場合は、すべて9）で除する。なお、各項目の末尾の得点を記入するカッコの後に「＊」が記された項目については、合計得点の算出に当たり、得点を逆転させた上で（5→1，4→2，3→3，2→4，1→5）合計得点を算出する。得点は、小数点2位以下を四捨五入し、小数点1位まで算出する。

[解釈]

この3つのカテゴリーは、職業キャリア成熟のカテゴリーであり、数値が高いほどその傾向が高いことを意味する。ここでは、便宜的

に，各々の平均得点が4.0を上回る場合に，それらの傾向が高い，あるいは，2.0を下回る場合に，それらの傾向が低いと判断しておきたい。なお，本尺度は，本来，成人を対象として開発されたものであり，大学生では，やや得点が低く表れる可能性があることを申し添えておく。

2. 職業アイデンティティ

マーシャ（Marcia, 1964）は，職業とイデオロギー（政治，宗教）の2つの領域を設定し，アイデンティティ・ステイタス面接に基づいてその4類型を決定する，アイデンティティ測定の方法論を開発した。ここでは，職業領域のアイデンティティを測定する方法論について紹介する。マーシャの方法論は，本来は面接法で行われるが，ここでは，各自が自問自答する方式に変更して行う。

[教示]

次の5項目をそれぞれ精読し，自分の回答をその下の回答欄に自由に書いてください。その際，できるだけ具体的に回答してください。

[項目]

① あなたの専攻は，何ですか。また，それを専攻して何をしようとしていますか。

② いつ，その専攻を決定しましたか。以前，他にも何か，別のものを考えましたか。あなたの専攻のどのようなところが，魅力的

2. 職業アイデンティティ

に感じられますか。

③ 両親は，ふつう，子どもたちにしてほしい仕事など期待をかけているものですが，あなたのご両親は，あなたに対して，そのような期待がありましたか。

④ あなたの家族は，現在，あなたのしようとしている仕事について，どのように感じていますか。

⑤ もし，何かもっとよいものが出てきたとしたら，あなたは，進んで，現在，自分がしようとしている仕事を，変更するだろうと思いますか。

5 キャリア発達の捉え方

[結果の整理]

マーシャのアイデンティティ・ステイタスの4類型を，表5-1に示す。また，各ステイタスの概要ならびに範例を，表5-2に示す。

質問項目①は，大学での「専攻」を確認するための項目である。「英文学」「心理学」「工学」「教員養成（小学校）」「物理学」など，自分の専攻分野を回答すればよい。

質問項目②は，表5-1の「危機」欄を捉えるための項目である。この質問項目には幾つかの質問が含まれているが，最も重要なものは，「以前，他にも何か，別のものを考えましたか」という質問に対する回答である。もし，この回答が「はい」であれば「危機有」，「いいえ」であれば「危機無」とそれぞれ判定する。また，過去のことはともかく，「現在，どうしようかと考えている」場合は，「危機の最中」と判定する。

質問項目③は，職業の問題に対する親の関与について尋ねる項目である。親の期待があったか（あるか）どうかという点について，自分自身で確認してください。

質問項目④も，基本的に，質問項目③と類似の内容について尋ねる項目である。家族が賛成しているかどうかについて，自分自身で

表5-1 マーシャのアイデンティティ・ステイタス (鑪ら，1995)

アイデンティティ・ステイタス		危　機	積極的関与
アイデンティティ達成型 (Identity Achiever)		すでに経験した	している
モラトリアム型 (Moratorium)		現在，経験している	あいまいである，あるいは積極的に傾倒しようとしている
早産型 (Foreclosure)		経験していない	している
アイデンティティ拡散型 (Identity Diffusion)	危機前拡散 (Pre-crisis Diffusion)	経験していない	していない
	危機後拡散 (Post-crisis Diffusion)	すでに経験した	していない

2. 職業アイデンティティ

表 5-2 各ステイタスの範例（鑪ら，1995）

	概　要	範　例
アイデンティティ達成型	いくつかの職業的選択について，真剣に考えてきているか，あるいは，親が考えていた職業とは，異なる職業を選択している。自分の専攻や選択した分野を変えようとは思っておらず，自分を一人の職業人と考えているようである。彼の最終的な職業選択が，親の望んだ職業の一変形にすぎないようにみえる場合でも，意思決定期間（危機期）を経験し，自分で決定を下している。	① 今まで，いろんな仕事を試みてきた。一般的な医療専門職に焦点づけて，歯学や薬学をやり，今は，視力測定をやっている。医学は，人間を救う領域でもあるし，変化にとんでいるので，気に入っている。（他の仕事にすすんで，かわりたいと思いますか？）私は，今，自分のやっていることが，非常に気に入っている。大変，うちこんでやっているので，今は，他のことは考えられない。 ② 農家の生まれで，農業は好きだ。しかし，農夫というのは，あまりおもしろいと思わないし，適してもいない。だから，自分がやれる職業として，農業経営に進むことにした。
モラトリアム型	この型の人は，ある特定の職業の準備をするよりも，その職業を選択・決定する段階にある。両親の計画や希望は，まだ，重要な意味をもっており，両親の計画と社会の要請，および，彼自身の能力や志望が，かみあうような方向を見出さなければならない。彼はそのことで，当惑はしていないが，この問題に真剣に取り組んでおり，内的関心も強い。	① ラビの職や法律を教えることについて考えたことがある。今，専攻しているのは，哲学と宗教である。今は，教えたいと思っているが，一方で，もっと経済的にもうかる職についてほしいという親の希望とも闘っている。 ② 化学・物理学・生物学を専攻した。高校の教師になることも考えたが，産業の方へ進んだ。が，牧師になりたいという気持もあり，今，それも考えている。理想主義対経済優先という葛藤をかかえている。自分は，教職，工業化学，牧師という3つの職に進める。今は，この3つのどれを選ぼうかと考えている。
早産型	両親の定めた目標と，自分自身の目標の間に不一致がみられない。自分で意思決定や，選択を行う時期を経てきていない。幼少期から他人に言われてきたことが，自分の考えになっており，それに違和感を感じていない。「父のように」「母のように」といった青年期以前からの同一視の傾向が現れている。	① 私は，家から出る気はない。訓練がうけられ，指揮，指導してくれるような大きな組織に入りたいと思っている。また，父のように，消防士になろうかとも思っている。大学時代は，週末には家に帰り，郷里の一員であるようにしている。 ② 父は，農場主だった。自分も，農場主になろうと思っている。家に帰って，父の農場を手伝う計画をたてている。それが，自分の生活のすべてだったので，大学でも農業を専攻した。
アイデンティティ拡散型	どんな職業的な選択も行っておらず（モラトリアム型と対照的に）それに対する関心もほとんどない。自分に起こったことは，運がよかった（悪かった）からだというような，「外的な」方向づけがみられる。	① 検眼の仕事にすすむつもりである。あまり大変な仕事でもないし，お金ももらえるし，また，あまり長く勉強しなくてもいいから。もし，もっとよいことがあれば，ごくかんたんに方向転換する。 ② 工学を専攻している。専門を変えることはできる。私は，旅行をしたいし，いろんなことをやってみたい。製図版のうしろにばかりとどまっていたくない。何かに打ち込んでくたびれてしまうのはいやだ。

確認してください。

　質問項目⑤は，表5-1の「積極的関与」欄を捉えるための項目である。この質問に「変更しない」と回答した場合は「積極的関与有」，「変更する」と回答した場合は「積極的関与無」とそれぞれ判定する。また，「現在，迷っていて積極的関与が曖昧である」場合は，「しようとしている最中」と判定する。

　これら質問項目①〜⑤の判定に基づいて，表5-1のいずれの類型に該当するかを決定する。その際に，表5-2の範例も，適宜，利用してください。

　まず，質問項目②で「危機有」かつ質問項目⑤で「積極的関与有」の人は，「アイデンティティ達成型」と判定する。

　質問項目②で「危機の最中」かつ質問項目⑤で「しようとしている最中」の人は，「モラトリアム型」と判定する。

　質問項目②で「危機無」かつ質問項目⑤で「積極的関与有」の人は，「早産型」と判定する。なお，早産型の判定に際しては，質問項目③や④の「両親の期待」や「家族の賛成」の点についても加味して，判定してください。親や家族の影響が強い場合は「早産型」という判定で確定。また，もし，親や家族の影響が少ない場合には，「アイデンティティ達成型」の可能性もあるので，再度，確認の上，判定してください。

　質問項目②でどのような回答をしたかには関係なく，質問項目⑤で「積極的関与無」の人は，「アイデンティティ拡散型」と判定する。なお，「アイデンティティ拡散型」が「モラトリアム型」と大きく異なる点は，自分の中で職業に関する選択肢が存在するか否かという点である。「モラトリアム型」では，いくつかの選択肢が存在するが，「アイデンティティ拡散型」では，それらが全く存在せず，いわば五里霧中の心理状態という点が特徴である。

[解釈]
　アイデンティティ・ステイタスの4類型は，発達的に考えれば「ア

イデンティティ達成型」が最も高く,「アイデンティティ拡散型」が最も低いと考えられる。また「モラトリアム型」と「早産型」は,その中間に位置づけられる。ただ,大学生では,一般的に,「モラトリアム型」が最も多い類型である。また,わが国では,「早産型」も非常に多い類型である。

アイデンティティは固定したものではなく,日々変化するものであるため,結果に一喜一憂するのではなく,前向きに考えていただければと思う。

3. 人生全体のキャリア発達

第1章で紹介した,宮下の職業発達段階に基づいて,各自の過去・現在・未来にわたるキャリア発達について考えてみよう。

[教示と質問項目]

充電期(乳幼児期～小学生頃),滑走期(中学生～大学生・大学院生頃),離陸期,充実期,完成期の段階の幾つかの段階について,自分自身の職業を中心とする人生の歩みについて,できる限り具体的に想起ないしイメージしてください。

① まず,幼児期～小学生頃の自分自身を思い出してください。その頃,あなたは,将来どのような職業に就きたいと思っていましたか? また,その理由は何ですか? 幼児期と小学生時代ごとに,以下の欄に自由に記述してください。その際,就きたい職業が複数あった場合には,その各々について記述してください。

《幼児期》

(就きたいと思っていた職業)

5 キャリア発達の捉え方

(その理由)

《小学生時代》

(就きたいと思っていた職業)

(その理由)

② 次に,中学生〜高校生頃の自分自身を思い出してください。その頃,あなたは,将来どのような職業に就きたいと思っていましたか,また,大学生時代(現在まで)は,どのような職業に就きたいと思っていた,あるいは,思っていますか? また,その理由は何ですか? 中学生時代と高校生時代,大学生時代(現在まで)ごとに,以下の欄に自由に記述してください。その際,就きたい職業が複数あった(複数ある)場合には,その各々について記述してください。

《中学生時代》

(就きたいと思っていた職業)

(その理由)

3. 人生全体のキャリア発達

《高校生時代》

（就きたいと思っていた職業）

（その理由）

《大学生時代：現在まで》

（就きたいと思っていた，あるいは，就きたいと思っている職業）

（その理由）

③ 次に，大学・大学院卒業以降の自分自身について，できるだけ具体的にイメージしてください。その頃，あなたの職業生活はどのようになっていると思いますか？ また，その理由は何ですか？

おおむね30歳までと40歳までごとに，以下の欄に自由に記述してください。その際，その可能性が複数ある場合には，その各々について記述してください。

《大学・大学院卒業～30歳頃まで》

（その頃の自分の職業生活）

（その理由）

5 キャリア発達の捉え方

《40歳頃まで》

(その頃の自分の職業生活)
(その理由)

[結果の整理と解釈]

　まず,自分の過去(質問項目①と②)の状況について,じっくりと吟味してください。人生は,なかなか自分の思い通りには進まないものですが,今振り返ってあなたはどのような感じ方を持っているでしょうか。「納得している」とか「後悔している」など,色々とあるのではないでしょうか。全体的に,自分の人生を自分の意志によって進めてきたと感じている人は,たとえ後悔の気持ちはあったとしても,自分の人生の歩みに納得をしている人が多いようです。逆に,自分以外の誰かの意志によって,人生を歩まされてきたと感じている人は,後悔の気持ちが強く残るようです。過去についてよく吟味することは,あなたの今後の人生に大いに役立ちますので,ぜひこの点を確認してみてください。また,自分の未来(質問項目③)について,どのような計画や展望を持っているでしょうか。人生は自分自身で作り上げていくものなので,どのような計画や展望を持っているからよいとか,よくないということはありません。人生を乗り切ろうとする自分の強い意志と,どのような困難にも負けない強い気持ちが重要といえます。この辺りの確認も十分しておいてください。

引用文献

Marcia, J. E. 1964 *Determination and construct validity of ego identity status.* Ohio State University, Dissertation.

坂柳恒夫　1999　成人キャリア成熟尺度（ACMS）の信頼性と妥当性の検討　愛知教育大学研究報告, **48**, 115-122.

下山晴彦　1986　大学生の職業未決定の研究　教育心理学研究, **34**, 20-30.

清水和秋　1990　進路不決断尺度の構成―中学生について　関西大学社会学部紀要, **22**, 63-81.

浦上昌則　1995　学生の進路選択に対する自己効力に関する研究　名古屋大学教育学部紀要, **42**, 115-126.

鑪幹八郎・山本　力・宮下一博（共編）　1995　アイデンティティ研究の展望Ⅰ　ナカニシヤ出版

6 キャリア発達を基盤に人生を乗り切る

1. 大学でのキャリア教育

　第2章で述べた通り，現代では，キャリア教育を小学校段階から継続的に実施していく必要性が強調されているが，それは大学においても例外ではない。大学でキャリア教育を行う理由について，国立大学協会（2005）は，次の4点を指摘している。

　(1) キャリア教育の展開は，本来，大学教育の基本的な任務の1つであったはずのものである。学校教育法第52条が示すように，大学は幅広い一般教育と奥深い専門教育を通して，知的，道徳的，応用的能力を育成すべきこと，つまり，市民としての自立，家庭人や社会人としての責務・役割の遂行，職業人としての専門的準備などをめざし，幅広い人間形成を図ることを目的としている。学生が将来の社会生活や職業生活に向けて，大学の内外でキャリア発達を遂げていくことは，特に「応用的能力」や社会人・職業人としての準備に関わる。

　(2) 学生の能力・資質に対する社会の要請にどう応えるかという問題がある。企業経営のスリム化の進行とともに，企業社会全体が大卒者に即戦力，あるいはemployability（雇用されうる能力）を求めるようになっている。大卒者の専門的職業能力はいうまでもなく，近年，社会の側から，大卒者のコミュニケーション能力，問題解決能力，社会的常識，そして職業観（の未形成）に対する疑いが非常に強くなってきている。新卒者の就職後3年以内の離職率は「7・5・3」現象と呼ばれて久しいが，大学人としては，大卒者の「3」は今や「4」に近づいていることに注目する必要がある。

(3) 学生の就職や雇用への移行の面での支援強化が必要になってきている。特に1990年代初頭のバブル経済の崩壊以降，大卒者の就職市場の逼迫(ひっぱく)は著しい。大学院進学率の上昇もさることながら，1991（平成3）年をピークに，4年生大卒就職者数，その率とも下降を続けている。

(4) 学生のキャリア発達や職業意識形成におけるつまずきの問題を指摘したい。大卒者自身の進路選択や就職をめぐる迷いや悩みも深く，各大学に設置されている就職相談室やキャリア（支援）センターなどに訪れる学生の増大も目立ってきている。特に，学生が自ら進路・キャリアを設計し，実践する力の低下が目立つ。今や，このような学生に対する個々の相談とともに，それを超えたトータルなキャリア支援ともいうべき，取り組みが求められている。

これ以外にも，大学における少子化による学生の獲得競争の激化や，国立大学の法人化に伴う国立大学におけるサービスの強化などの要因も考えられるが，このような大学生の自立を援助する動きが，国立・公立・私立を問わず多くの大学に広がっているというのが現状である。このような動きは，もちろん歓迎すべき点も多いが，大学の本来の重要な機能である研究・教育との兼ね合いも考えながら，実施されることが求められるであろう。このような動きは，私立大学ではかなり前から実施されてきたが，その波が生き残りとも絡んで，国立大学や公立大学にも及んできたというのが実情と考えられる。

ところで，国立大学協会（2005）は，「大学生のキャリア形成と大学におけるキャリア教育」の内容を，図6-1のように示している。現代においては，程度の差こそあるものの，こうしたことがほとんどの大学で実施されていると推測される。その内容は，全ての学生を対象とするキャリア教育（図6-1では「対集団支援・教育課程」と表記），個別的なキャリア支援・指導（「個別支援・指導」），自発的活動・課外活動等への支援（「学生の自発的な学習」及び「学生の自発的・日常的な活動」）の3つにまとめられている。

1. 大学でのキャリア教育

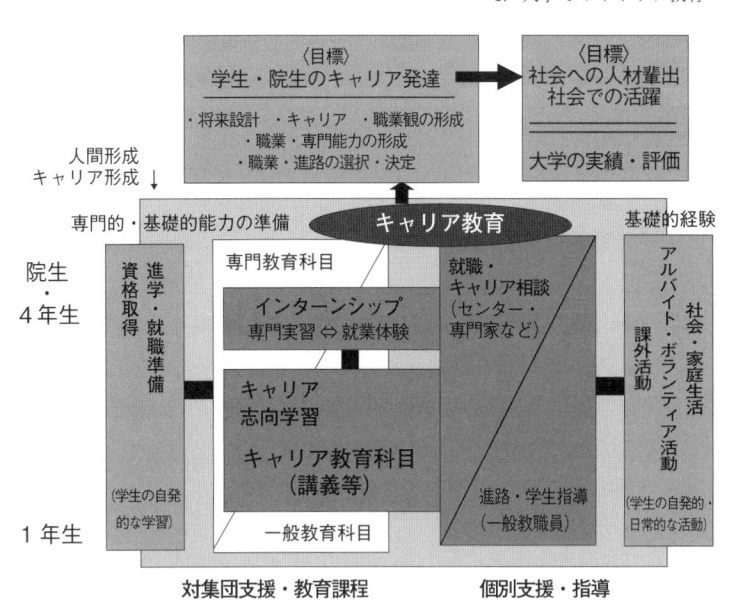

図6-1 大学生のキャリア形成と大学におけるキャリア教育（国立大学協会, 2005）

この中で,「個別支援・指導」や「自発的活動・課外活動等への支援」については具体的なイメージが湧きやすいと考えられるため，次に,「対集団支援・教育課程」の部分の「キャリア教育科目」に焦点を当てて，国立大学協会（2005）の例示に従って，少し記述してみたいと思う。

国立大学協会（2005）は,「キャリア教育科目の重点目標」の例として，(1) 夢や目標を育む，(2) 職業観を育む，(3) 自ら考え学ぶ力を育む等の4点をあげている。まず,(1) の「夢や目標を育む」に関しては，図6-2に示すように，縦軸が「ビジョンアプローチ（将来を考えながら生き方を模索する）－現状思考／刹那主義」，横軸が「個－集団」を表し，右上に向かう矢印に示されるように，大学生が現状思考や刹那主義に基づくのではなく，また安易に集団に依存することを考えるのではなく,「自らの夢や目標を持ちながらキャリアビジョンを描ける」ようにすることが目標とされる。(2) の「職業観を育む」に関しては，図6-3に示すように，縦軸が「ビジョ

111

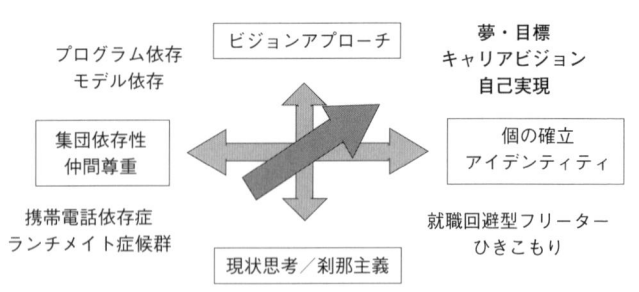

6 キャリア発達を基盤に人生を乗り切る

図6-2 夢や目標を育む―あるべき姿から生き方を考える思考―（国立大学協会，2005）

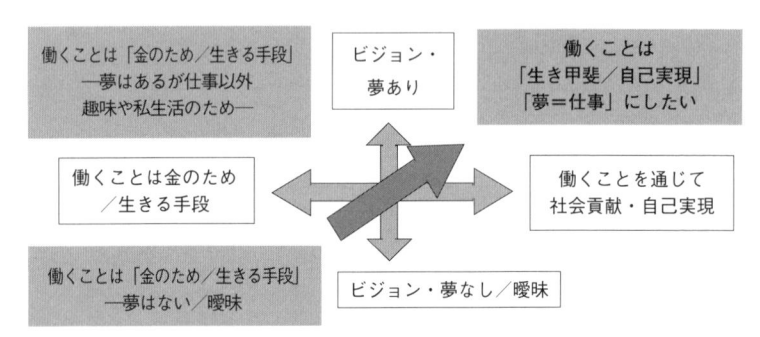

図6-3 職業観を育む―職業人としての自立―（国立大学協会，2005）

ン・夢あり−ビジョン・夢なし／曖昧」，横軸が「働くことを通じて社会貢献・自己実現−働くことは金のため／生きる手段」であり，右上に向かう矢印に示されるように，「働くことは生きがいであり，自己実現に通じると捉えられる」ようにすることや，図6-4に示すように，「進路・職業発達の問題を生涯発達の観点から捉えることができるようにする」ことが目標とされる。(3)の「自ら考え学ぶ力を育む」に関しては，図6-5に示すように，「夢や目標がある」→「問題や課題を見つける」→「情報収集とその解決」→「さらなる夢や目標を持つ」という流れが存在するが，この流れを機能させることが目標とされる。

このような大学におけるキャリア教育の充実によって，大学生が自己の人生をより真剣に考え，かつ前向きに捉えることができるとすれば，日本の未来は明るいものになるし，もっと大きな活力も生

1. 大学でのキャリア教育

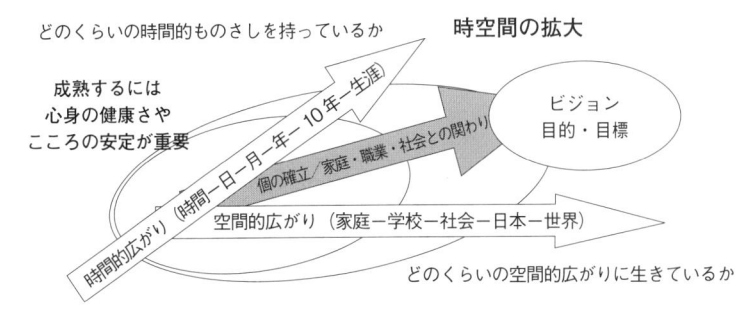

図6-4 生涯発達の観点から捉える進路・職業発達（国立大学協会，2005）

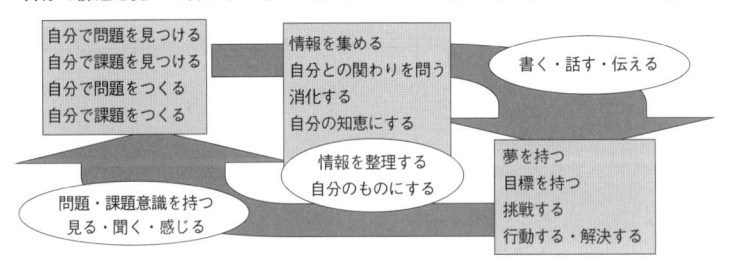

図6-5 自ら考え学ぶ力を育む―個人としての学習と自立―（国立大学協会，2005）

まれてくるに違いない。

　ところで，2009年7月6日付の朝日新聞に，「中退よ 止まれ」という記事が掲載された。それによると，2005年度の私立大学の中退者は約5万5500人で，これに国立大学や短大，専門学校を加えると，学校を中途でやめる若者は年間10万人を超えるという。その理由は様々であるが，志望変更や不本意入学，学習意欲の低下のみならず，人間関係の悪化や孤立をあげる者も多いという。後先のことを考えないこのような中退は，後にニートやフリーターになるリスクが大きく，大学におけるキャリア教育には，この辺りの手厚い支援も必要になると考えられる。

2. キャリアデザインの重要性と起業

　京都府若年者就業支援センター（www.pref.kyoto.jp/jobcafe, 2009)による「若者仕事塾」という冊子において,「キャリアデザイン」とは,「人生の設計図を描くこと」と定義されている。一方,「キャリアプラン」は,「職業に関連した人生の設計図を描くこと」と定義されており,「キャリアデザイン」は, 職業のみならず, その人の人生全般に関する設計図を意味している。

　京都府若年者就業支援センターでは, キャリアデザインの必要性に関して, 主として次の2点をあげている。

　(1) 職業とのミスマッチをなくし, 早期離職を防ぐということがある。就職してから, 思い描いていた働き方と現実とのギャップに悩むことはままあることであるが, 長い人生の中で仕事を通じて何を実現したいかが明確になっているのといないのとでは, 最初の壁に当たった時の対処の仕方が全く異なってくる。キャリアデザインができていれば, より広い視野でその壁を捉えることができる。

　(2) 社会の変化が, 関連している。終身雇用制が機能している時代は, 個人の能力を最大限に引き出し活用するために, 企業がキャリア育成のプランを考え実行してきたので, 組織に依存したキャリアデザインも可能であったが, 転職・起業が珍しいことではなくなった今日では, 自らキャリアデザインを行う必要性が増大した。

　このようにキャリアデザインの必要性が叫ばれる昨今であるが, 京都府若年者就業支援センターでは, その基盤として,「キャリアアンカー（career anchor)」の重要性を強調している。「キャリアアンカー」とは, キャリアの選択に当たってその拠り所とするものという意味であるが, 例えば, 自分は何のために働くのか, 自分の価値を置くものは何か, 自分が最も大切にするものは何かなど, 自らのキャリア選択の基準に繋がるものである。このキャリアアンカーは, 基本的に次の8つに分類されるとのことである。

　(1) 専門コンピテンス：企画, 販売, 人事, エンジニアリングな

ど特定の分野で能力を発揮することに幸せを感じる。

(2) 経営コンピテンス：組織内の機能を相互に結びつけ，対人関係を処理し，集団を統率する能力や権限を行使する能力を発揮し，組織の期待に応えることに幸せを感じる。

(3) 安定：仕事への満足感，雇用保障，年金，退職手当など経済的安定を得ることや，1つの組織に勤務し，組織への忠誠や献身などに幸せを感じる。

(4) 企業家的創造性：新しいものを作り出すこと，障害を乗り越える能力と意気込み，リスクをおそれず何かを達成すること，達成したものが自分の努力によるものだという欲求が原動力となる。

(5) 自律（自立）：組織のルールや規則に縛られず自分のやり方で仕事を進めていくこと，組織に属している場合は，仕事のペースを自分の裁量で自由に決めることを望む。

(6) 社会への貢献：暮らしやすい社会の実現，他者の救済，教育など価値あることを成し遂げることを求める。

(7) 全体性と調和：個人的な欲求，家族の願望，自分の仕事のバランスをはかり調整に力を入れる。自分のライフワークをまとめようとし，それができるような仕事を考える。

(8) チャレンジ：解決困難にみえる問題や手強い相手に打ち勝とうとする。知力を使うことや人との競争にやりがいを感じ，目新しさ，変化，難しさへの取り組みが目的になる。

京都府若年者就業支援センターでは，この「キャリアアンカー」を見つけだすための基本的な作業として「自己分析」を提唱している。自己分析の具体的な方法としては，「時系列的に振り返る作業」「自分の長所・短所を発見し，まとめる作業」「過去の主要な出来事をテーマ別に分析する作業」「他人の評価を聞く作業」の4つを指摘している。こうした自己分析を行うことにより，「成し遂げたい夢」「5年後，10年後の自分」「就職または転職する理由」「職業または職種・業種,会社を選択した理由」「職業を通してやりたいこと，実現したいこと」「自己PRしたいこと」「特技・趣味，こだわりを

持っているもの」「長所・短所」「今までに熱中したこと,活躍したこと」「達成感を味わったこと,成功体験」「困難に出会った場面あるいは失敗体験とその克服の仕方」「リーダーあるいは世話役としての経験,それから学んだこと」等について,徐々に自らの明確な答えを導きだせるようになるとのことである。なお「自己分析」に関しては,本書の第5章とともに宮下・杉村（2008）の第5章も参照していただければと思う。

ところで,先に述べた「キャリアアンカー」の1つとして指摘された「企業家的創造性」に関連して,「起業」の問題について少し考えてみたいと思う。従来の終身雇用制や年功序列といった日本的な企業経営のあり方がすっかり変貌を遂げた現代において,リストラ等に怯（おび）えながら企業の一員としての生活を送るのは非常に辛いという面もある。既存の企業が社会的責任を放棄して,企業の生き残りのみに邁進（まいしん）するとすれば,結果的にその企業は自然淘汰（とうた）されざるを得ないが,そのような企業に人生を振り回されるとしたら,馬鹿馬鹿しい話である。そうであるならば,エネルギーを持った青年には,既存の企業の枠にとらわれずに,どんどん自由に企業を興し,社会に活力を与えるとともに,社会発展に寄与することを考えてもらいたいと思う。自ら企業を興すということは,仕事を持てない人々の雇用にも繋がるわけで,大きな社会貢献にもなる。

では,「起業」の現状はどのようになっているのであろうか。図6-6に,およそバブル崩壊以後の1991（平成3）年から2007（平成19）年に至るまでの「会社の設立数」の推移を示す。これをみると,1991年に10万件を有に超えていたものが,1993年以後の10年はおおむねそれを大きく割り込む8～9万件で推移しており,景気回復に転じた2004年以降,再び10万件を上回る数値となっていることを読み取ることができる。すなわち,景気が悪いと会社設立の数が減少し,逆に景気が良くなるとその数が増加するという関係が見受けられる。これは,経済の活性化との関連で当然のことと考えられるが,今後は景気の善し悪しに左右されない,あるいは景気が悪

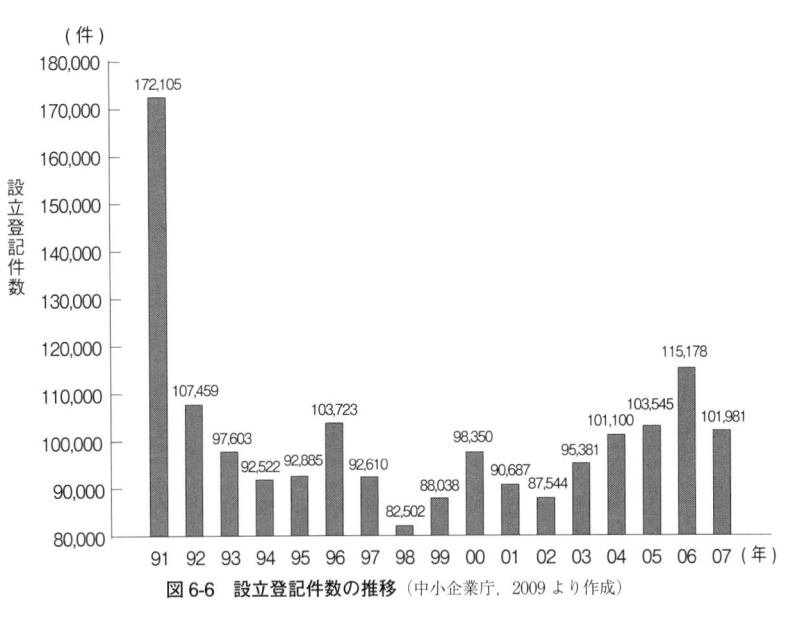

図 6-6　設立登記件数の推移（中小企業庁，2009 より作成）

年	件数
91	172,105
92	107,459
93	97,603
94	92,522
95	92,885
96	103,723
97	92,610
98	82,502
99	88,038
00	98,350
01	90,687
02	87,544
03	95,381
04	101,100
05	103,545
06	115,178
07	101,981

い時にこそ積極的に「起業」を目指すという姿勢が必要なのかもしれない。自らの考えや人生プランに従って忠実に行動することや，ピンチをチャンスとして捉え，経済や社会の活性化を自ら演出していこうとする積極的な営みが，日本を救うことに繋がると考えられる。そのためには，日々の生活の中で，各自がしっかりとしたキャリアデザインを確立していく必要があるのではないかと考えられる。

　2009 年 7 月 4 日付の朝日新聞に，「農家の女性　起業続々」という記事が掲載された。それによると，2007 年度の農産物のネット販売やレストラン経営といった女性農業者の起業件数は 9533 件で，この 10 年間で 2.4 倍に達したことが報告されている。「農業の重要な担い手ながら，評価を受けることが少なかった農家の嫁たちが，生産者と消費者，両方の視点を生かした取り組みで地域を盛り上げている」ことが指摘されている。年間収入は多い人で約 700 万円に上るということで，それが女性たちのやりがいや，自己実現にも繋がっているという。地域の人たちが協力をしながら収入の増加につ

いて考え，それが同時に地域の活性化にも繋がるということで，まさに一石二鳥のアイディアと考えられる。さらに，食料自給率が約40％の現代の日本にあって，自給率の増加を呼び込む一つの試みに発展していく可能性も考えられる。これは，あくまでも大人の試みであるが，若者は様々なアイディアを生み出す可能性に満ちた存在である。今は大企業に成長している企業も，もともとは小さな組織から出発している。現代は，特別な店舗を持たずにパソコン1台で起業する人や10～20万という少ない予算で起業する人もいる。自らの夢や希望をどんどん追求しつつ，それを具体化していくという作業が，今後の経済や社会の発展のために重要になると考えられる。

3. 大学生のキャリア発達の状況

都筑（2007）は，「大学生の進路選択と時間的展望」という著書において，大学2年生～卒業2年目の青年を対象に，進路選択や将来の目標，時間的展望等について，横断的研究と縦断的研究を併用するかたちで検討を行っている。その中からいくつかの結果を紹介する。まず, この研究で抽出された「将来目標」の内容に関しては，表6-1に示すカテゴリーの観点から整理を行い，図6-7にはその各々の「達成時期」の分布を，表6-2には各々の「達成時期」の平均値を示した。また，「目標意識」のうち，「将来への希望」と「空虚感」の平均値を表6-3に示した。

まず，図6-7によると，目標の達成時期は1ヵ月～80年後まで分布しており，このうち，1年後以内に達成されるとされた目標は44.2％，4年後までの累積は約70％，5年後までにはおよそ80％が達成できると考えられていることが分かる。また，10年以上先と考えられるものも一定数存在することから，現代の大学生を中心とする青年は近い将来とともに，長期的な観点からの目標もそれなりに有していることが確認された。これは，健全な結果と考えられる。また，表6-2より，将来目標のカテゴリーごとの達成時期の平均値

3. 大学生のキャリア発達の状況

表 6-1 将来目標のカテゴリー分類基準（都筑, 2007）

大分類 カテゴリー	小分類 カテゴリー
余暇	旅行, スポーツ, 部活動・サークル, 趣味, 車, パソコン, ボランティア, 音楽, 料理, ペット
教育	大学院進学, 留学, 卒論, 卒業, 勉強, 読書, 専門学校進学, 研究, 本の出版
職業	就職, 教員採用, 公務員採用, アルバイト, 仕事, 就職準備, 転職, 出世
家庭	結婚, 出産・子育て, 家庭生活, 子ども
自立	一人暮らし, 自立, 経済的自立, 独立, 社会人として一人前になる
対外関係	友人, 恋人, 先輩, 対人関係一般, 親との関係
老後	死, 年金, 健康に老いる
生き方	親孝行, 貯金・お金, 家を建てる, 人間的成長, 病気を治す, 進路決定, 長生き, 生き方一般, 知識
資格	免許・資格一般, 語学の資格, 教員免許, 保育士資格, 運転免許, 国家資格
その他	

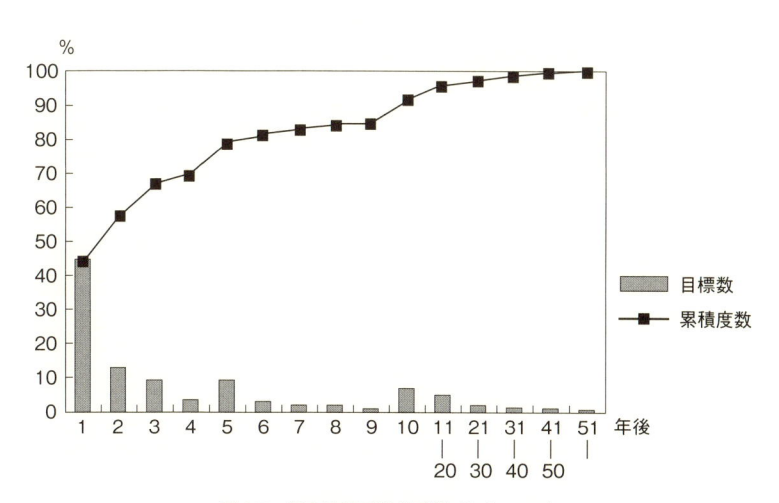

図 6-7 将来目標の達成時期（都筑, 2007）

表6-2 将来目標の達成時期の平均値（月）（都筑, 2007）

	N	平均	SD
余暇	353	32.86	74.58
教育	388	26.32	109.22
職業	514	59.76	91.77
家庭	312	72.95	43.44
自立	107	38.36	49.9
対人関係	69	65.28	131.3
老後	30	328.87	355.58
生き方	315	122.15	169.94
資格	283	26.27	32.8
その他	100	96.44	147.84
合計	2471	60.43	115.17

表6-3 将来への希望，空虚感の学年別の平均値（都筑, 2007より作成）

学年	将来への希望	空虚感
2年生	3.23	2.53
3年生	3.34	2.51
4年生	3.53	2.31
卒業後1年目	3.53	2.37
卒業後2年目	3.37	2.26

注）数値が高いほど各々の傾向が強いことを示す

をみると，比較的数値が低いのは「資格」や「教育」「余暇」「自立」などが，その一方で比較的数値が高いのは「老後」や「生き方」「家庭」などがあげられる。「職業」はそのほぼ中間的な数値であり，およそ5年後に達成されると考えられていることが分かる。大学での充実した学習や余暇活動，資格取得などを行いながら，自立に備えつつ近い将来の職業選択と職業生活への歩みに向かって歩を進めていることが理解できる。さらに，表6-3により，現時点における「将来への希望」と「空虚感」について吟味すると，大学生の時期には，2, 3, 4年生と学年が上がるにつれて「将来への希望」が上昇し，「空

虚感」が減少するという傾向が見受けられる。その一方で，卒業後2年目で「将来への希望」が減少していることも読み取ることができる。大学生時代は，将来の進路を始めとして人生に前向きに対処しているが，社会人になると様々な現実を体験することで，そのような高揚した感情が薄れてしまうことが原因の一つとして存在する可能性もある。しかし，いずれにしても，都筑（2007）では，将来の目標をそれなりに持ちながら，前向きに人生を歩んでいる大学生ないし卒業から数年後の青年の姿をみることができたと思われる。

　大学生を始めとする青年が元気に人生を歩んでいる姿は，われわれ青年心理学を専門とする研究者にとって最も喜ばしい現象である。どのような時代であっても，希望を見失わず力強く人生を切り拓いてほしいと願っている。

4. 成人期の確かな歩み

　青年期以後の，成人期における人生の歩みはどのようになっていくのであろうか。そもそも人生は十人十色であり，青年期以降の人生はさらに個人差が大きくなるが，この点について一つの研究を紹介しよう。

　中西（1995）は，成人期におけるアイデンティティの発達について，EPSI（エリクソン心理社会的発達調査票）を用いて検討を行っている。対象者の年齢を「26〜30歳」「31〜35歳」「36〜40歳」「41〜45歳」「46〜50歳」「51歳〜」に区分し，男女別にEPSIの総得点ならびに8つの下位尺度別に（下位尺度はエリクソンの8段階に対応，表1-5を参照）平均得点を示したのが，図6-8である。これによると，総得点に関しては，男性では40代後半の時期にやや得点の減少が見られるものの，全般的には年齢とともに上昇傾向を示していることを読み取ることができる。女性については，40代前半までは得点は上昇傾向にあるように見えるが，その一方で30代前半と40代後半に得点の減少も見られる。女性のデータについ

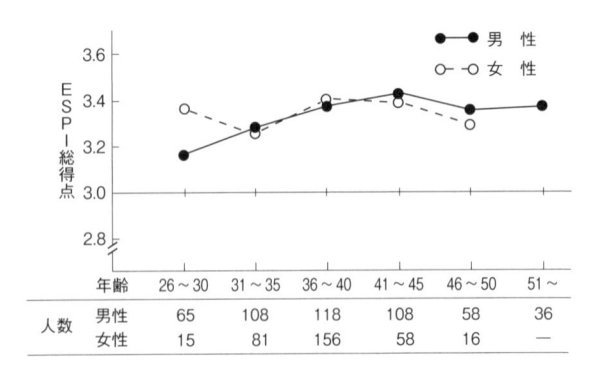

6 キャリア発達を基盤に人生を乗り切る

年齢	26〜30	31〜35	36〜40	41〜45	46〜50	51〜
人数 男性	65	108	118	108	58	36
女性	15	81	156	58	16	—

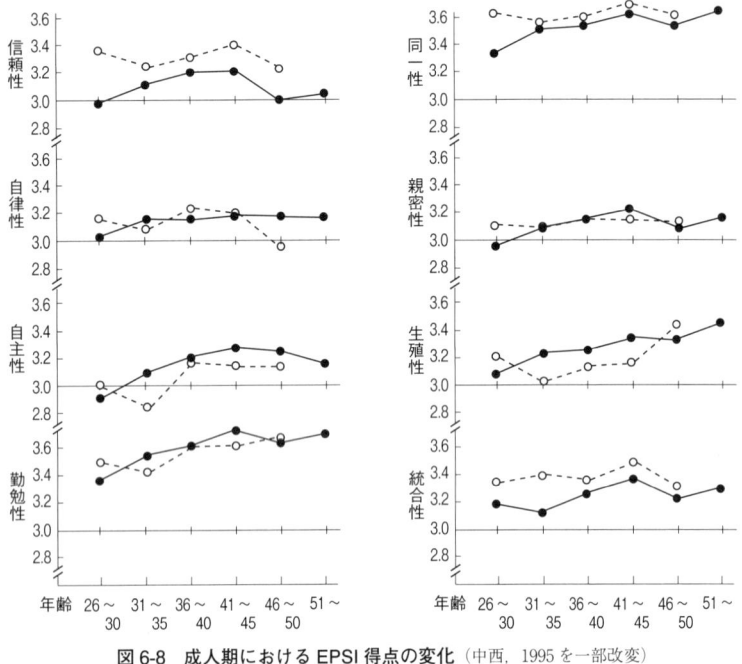

図 6-8　成人期における EPSI 得点の変化（中西，1995 を一部改変）

ては，男性に比べて人数が極端に少ないことが影響を与えている可能性も考えられるが，30 代前半と 40 代後半の得点の落ち込みがやや気になるところである。おそらく，結婚や家族・家庭の問題，あるいは仕事の問題等が微妙に影響を与えているのではないかと考えられるが，この点については，50 代のデータも取った段階でじっ

くり吟味する必要があるように思われる。特に，女性の場合は，男性に比べて平均寿命が遥かに高いことから，より年齢幅を広げた研究が必要ではないかと考えられる。また，EPSI の下位尺度ごとに見ると，概ね男女とも年齢とともに得点が上昇しているものとしては，「勤勉性」「同一性」「生殖性（世代性）」がある。これ以外でも，「自主性」や「親密性」がややそのような傾向を示しているように見受けられる。成人期は，個人差は非常に大きいものの家庭生活や職業生活に邁進している時期と考えられる。つまり，多くの人が各自のキャリアの展開を図っている時期である。この研究結果は，成人男女が，日々迷いや悩みを抱えながらも充実した家庭生活や職業生活を送り，生き生きと人生を展開させている姿を示しているのではないかと考えられる。

また，中西（1995）は，中高年者の5つの役割行動の発達について研究を行っている。5つの役割行動とは，①学習者－勉強（学校に行くこと，講義や講演を聞くこと，自宅や図書館での自習など），②労働者－仕事（報酬を得るための労働），③市民－社会的活動（社会福祉団体，町内会，政党，労働組合などの地域社会団体での活動），④家庭人－家庭や家族（家事，子どもや親の世話など），⑤余暇人－趣味やレジャー（スポーツ，観劇，趣味，読書などの余暇活動）である。これらについて，職業を持つ日本人成人を対象に，(a) 参加（参加の程度），(b) 関与（思い入れの程度），(c) 価値期待（満足や価値を見いだしている程度）の3つの観点から調査を行い，男女別に結果をまとめたものが図 6-9, 図 6-10 である。これによると，男性では，仕事に関しては「参加」「関与」「価値」ともに 50 代を境に減少に転じていること，それに対して，社会的活動に関しては，「参加」「関与」「価値」ともに 20 代～50 代にかけて増加傾向を示していることなどを読み取ることができる。一方，女性については，仕事，社会的活動については，男性と同様の傾向を示しているが，50 代を境に家庭や家族の「価値期待」が増加に転じていることを読み取ることができる。これは，男性とは好対照の結果であるが，

6 キャリア発達を基盤に人生を乗り切る

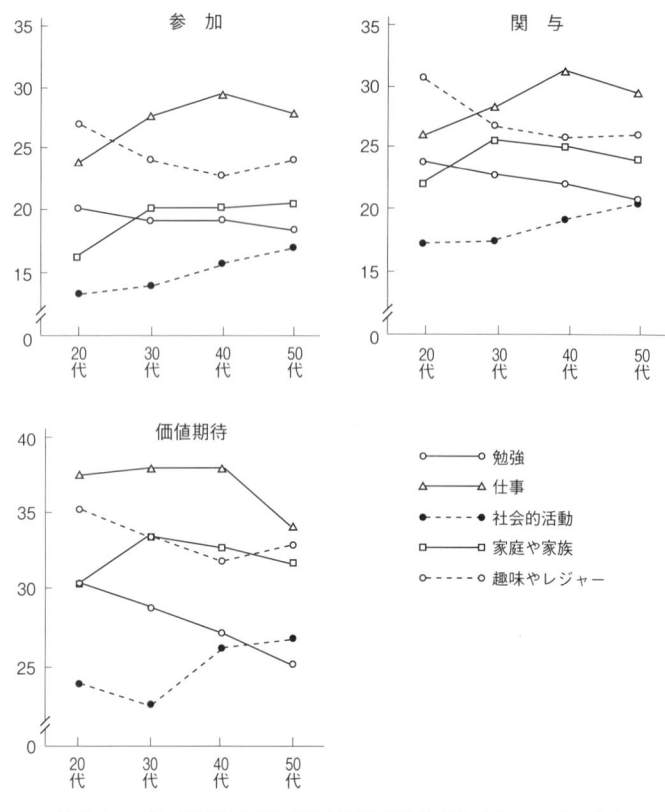

図6-9 日本人男性における役割特徴の発達的変化（中西，1995による）

子どもの就職や結婚等に伴う家族のありようの変化などが，特に女性の人生に大きな影響を与えていることを推測させる結果と考えられる。

成人期は，人生における最も充実した時期の一つである。しかし，その一方で，仕事にも家庭にもエネルギーを注ぎつつ，多様な変化に適応していくことが求められる時期でもある。その過程においては，青年期とは質的に異なる様々な悩みや不安が生じてくる。自分の仕事はもちろん，子どもや自分の親との関係，自分の老いの問題等々，悩みや不安が尽きない時期でもある。この時期を，じっくり

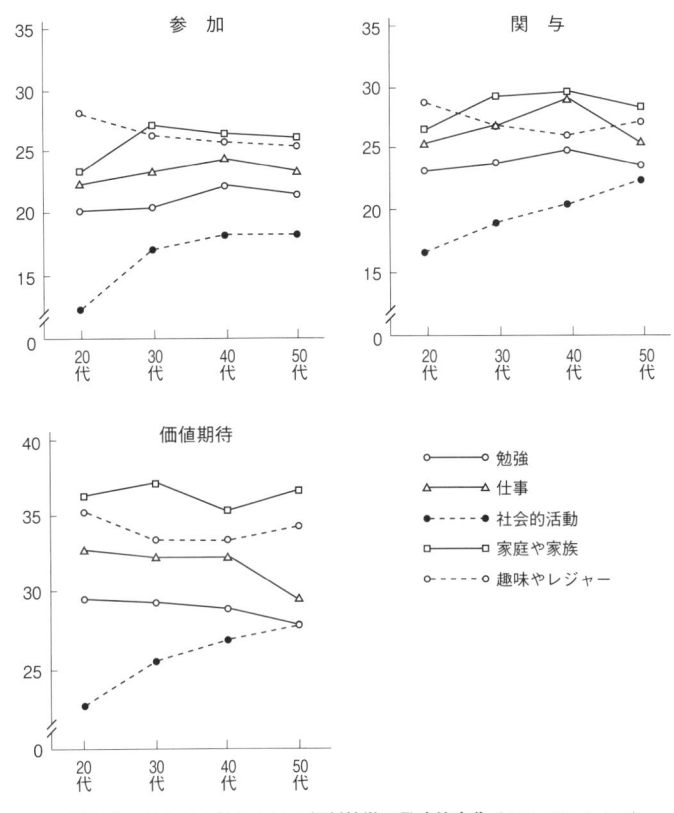

図6-10 日本人女性における役割特徴の発達的変化（中西, 1995による）

とかつ賢く乗り切ることにより，その人の人生の歩みはさらに確かなものとなり，キャリアの成熟に至ることができると考えられる。

5. 希望に満ちた人生

連合は，2005年1月に，連合構成組織の20代～30代前半の男女組合員5000名（有効回答は3477名）を対象にワークスタイル等について調査を行った。それによると，まず「仕事観」については，「仕事より趣味・レジャーを優先」の者が約8割（78.1％），「仕事優先」

は約2割（21.6％）であり，仕事よりも趣味やレジャーを優先する傾向が強いことが明らかとなった。また，「仕事は生計維持の手段にすぎない」と考える者が約6割（58.6％）を占め，「仕事を通して生きがいを実現したい」の約4割（41.0％）を上回る結果を示した。さらに転職志向に関しては，「転職せずに今の会社でずっと勤めたい」が46.3％，「よい転職先なら会社をやめてもよい」が53.3％で，転職志向の方がやや上回る結果となった。これらの結果から，自らの人生を仕事だけにとらわれずに充実させていこうとする傾向が強いこと，また，仕事の条件を改善させるためにはあえて転職も厭わないという傾向を読み取ることができる。「転職」に関しては，もちろん安易な転職は危険性が高いが，慎重に吟味した結果の転職であれば自身のキャリアの発達に大きく寄与する可能性があるし，仕事と趣味・レジャーとのバランスを考えながら人生を進めていこうとする態度は，人生全体の展開を考えると非常に重要なことと考えられる。

　また，リストラや新規採用抑制等の雇用調整が行われている昨今の職場環境が「生活設計」に与える影響について尋ねた結果をまとめたものを，図6-11に示す。「特に影響はなかった」とする者が35.4％と最も多く，これに「予定していた貯蓄計画が遅れた」（34.0％），「結婚・出産の計画を見直した」（13.3％）が続いた。「もともと生活設計を立てていない」も18.2％を占めていたり，貯蓄や将来設計の変更を強いられた者もそれなりにいるが，「特に影響はなかった」とする者が最も高い数値を示したことは，若年労働者の力強さを示しているのではないかと考えられる。雇用環境の問題は，その人の人生に確実に影響を与えるが，それを冷静に見つめつつ対応を考えることができるとすれば，その後の人生の展開は大きく変わってくると考えられる。

　さらに，「日本社会の将来展望」について尋ねた結果を，図6-12に示す。「年金制度が崩壊する」が89.5％で最も高く，「子どもを生み，育てづらくなる」（79.7％），「安全に暮らせる社会でなくなる」

5. 希望に満ちた人生

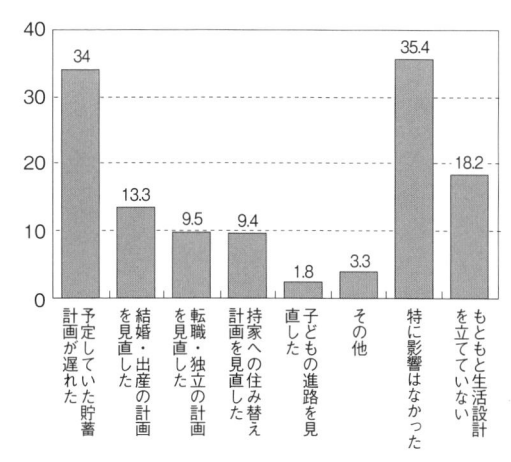

図6-11　会社や職場を取り巻く環境変化が生活設計に与えた影響 (連合, 2005)

- 予定していた貯蓄計画が遅れた: 34
- 結婚・出産の計画を見直した: 13.3
- 転職・独立の計画を見直した: 9.5
- 持家への住み替え計画を見直した: 9.4
- 子どもの進路を見直した: 1.8
- その他: 3.3
- 特に影響はなかった: 35.4
- もともと生活設計を立てていない: 18.2

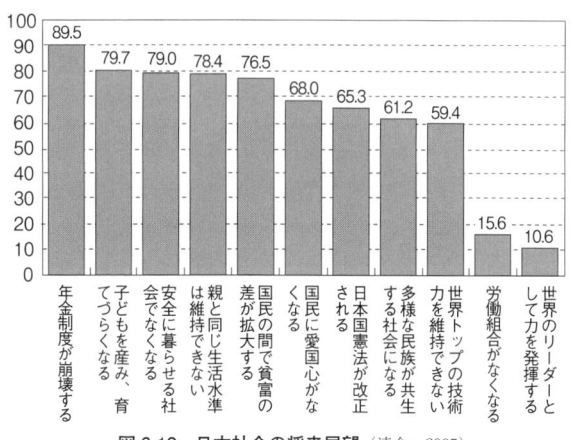

図6-12　日本社会の将来展望 (連合, 2005)

- 年金制度が崩壊する: 89.5
- 子どもを産み、育てづらくなる: 79.7
- 安全に暮らせる社会でなくなる: 79.0
- 親と同じ生活水準は維持できない: 78.4
- 国民の間で貧富の差が拡大する: 76.5
- 国民に愛国心がなくなる: 68.0
- 日本国憲法が改正される: 65.3
- 多様な民族が共生する社会になる: 61.2
- 世界トップの技術力を維持できない: 59.4
- 労働組合がなくなる: 15.6
- 世界のリーダーとして力を発揮する: 10.6

(79.0％),「親と同じ生活水準は維持できない」(78.4％),「国民の間で貧富の差が拡大する」(76.5％) が続いた。特に雇用環境の悪化が,日本の将来を暗くしている可能性が高いが,「世界のリーダーとしての力を発揮する」(10.6％) にも,少数とはいえ1割程度の人が回答を与えている。悲観ばかりではなく少しでも希望を持ちながら人生を進めていくことが重要であり,この回答からは,このよ

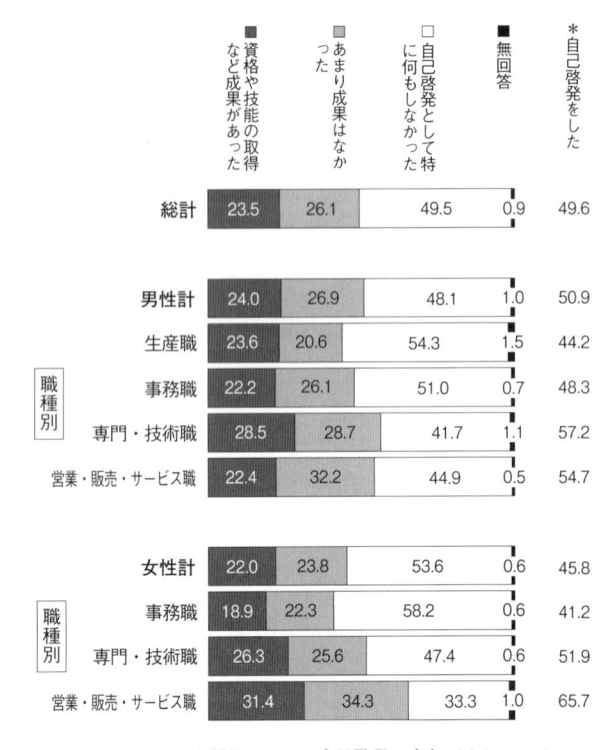

	資格や技能の取得など成果があった	あまり成果はなかった	自己啓発として特に何もしなかった	無回答	*自己啓発をした
総計	23.5	26.1	49.5	0.9	49.6
男性計	24.0	26.9	48.1	1.0	50.9
職種別 生産職	23.6	20.6	54.3	1.5	44.2
事務職	22.2	26.1	51.0	0.7	48.3
専門・技術職	28.5	28.7	41.7	1.1	57.2
営業・販売・サービス職	22.4	32.2	44.9	0.5	54.7
女性計	22.0	23.8	53.6	0.6	45.8
職種別 事務職	18.9	22.3	58.2	0.6	41.2
専門・技術職	26.3	25.6	47.4	0.6	51.9
営業・販売・サービス職	31.4	34.3	33.3	1.0	65.7

図 6-13 **職業能力開発のための自己啓発の有無**（連合，2005）

うな人間の健全な心性も見え隠れしているように思われる。

また，図 6-13 と図 6-14 に，「職業能力開発のための自己啓発の有無」，及び「導入を希望する人事処遇制度」の結果を示す。まず，図 6-13 の総計に関して，自己啓発経験有回答した者（「資格や技能の取得など成果があった」と「あまり成果はなかった」の合計）は 49.6％，自己啓発経験無と回答した者（「自己啓発として特に何もしなかった」）は 49.5％とほぼ半々で，雇用環境の悪化の影響で，自己啓発に励む者が約半数に上ることが分かる。また，図 6-14 の「導入を希望する人事処遇制度」については，「能力開発支援制度」が 65.3％と圧倒的に高く，自己啓発のみならず，企業側の従業員の能力を高めようとする努力を望んでいることを読み取ることができ

5. 希望に満ちた人生

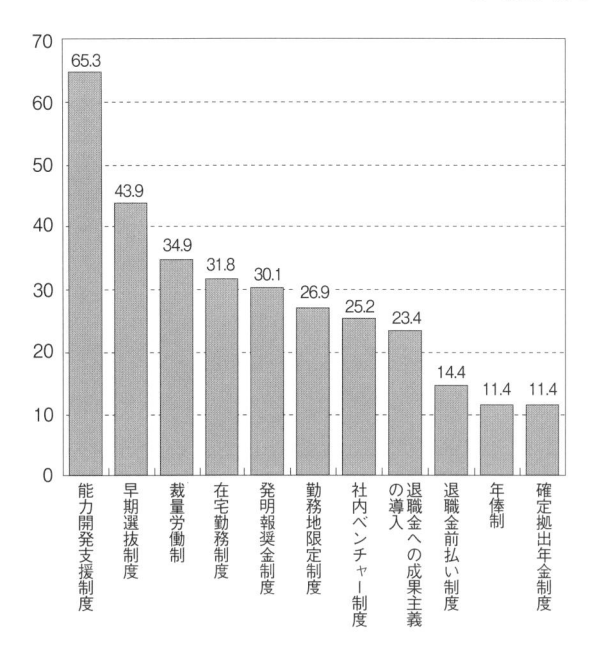

図6-14 導入を希望する人事処遇制度 (連合, 2005)

- 能力開発支援制度: 65.3
- 早期選抜制度: 43.9
- 裁量労働制: 34.9
- 在宅勤務制度: 31.8
- 発明報奨金制度: 30.1
- 勤務地限定制度: 26.9
- 社内ベンチャー制度: 25.2
- 退職金への成果主義の導入: 23.4
- 退職金前払い制度: 14.4
- 年俸制: 11.4
- 確定拠出年金制度: 11.4

る。

　この調査から暫く経過した2008年秋に，わが国は世界的な大不況の荒波に飲み込まれ，雇用環境は一層の悪化に見舞われることになった。しかし，2005年1月に行われたこの調査結果は，現状でもそれほど大きく異なることはないように思う。なぜなら，1990年代初頭のバブル崩壊から就職氷河期を経て2000年代前半に一時的に景気回復期を迎えたが，これは庶民が景気回復を実感できるものではなく，バブル崩壊以降は一貫して雇用環境は良くなっていないと思われるからである。

　2009年夏現在の経済状況は，決して楽観できるものではない。しかるに，大学生の就職環境も良くないといえる。しかし，人生は非常に長い。人生を必ずしも短期的に眺める必要はない。希望や活力を持って生きている限り，やがて人生がうまく展開する時期も訪れる。雇用環境も，やがて改善する時がくる。逆にいえば，現在，

人生がうまく展開している人も安心していてはいけない。いつ，転落してしまうか分からない。「長い人生をいかに生き生きと生き抜くか」，それが問題なのである。

引用文献

朝日新聞　2009　農家の女性　起業続々（7月4日）
朝日新聞　2009　中退よ止まれ（7月6日）
中小企業庁（編）　2009　中小企業白書　2009年版
京都府若年者就業支援センター　2009　若者仕事塾（www.pref.kyoto.jp/jobcafe）
宮下一博・杉村和美　2008　大学生の自己分析　ナカニシヤ出版
中西信男　1995　ライフ・キャリアの心理学　ナカニシヤ出版
連合　2005　青年意識調査（www.jtuc-rengo.or.jp）
社団法人国立大学協会　2005　大学におけるキャリア教育のあり方―キャリア教育科目を中心に―　ヨシダ印刷
都筑　学　2007　大学生の進路選択と時間的展望　ナカニシヤ出版

事項索引

あ

アイデンティティ
　──・ステイタス面接　98
　──拡散型　102
　──達成型　102
　成人期における──の発達
　　121
アダプタリティ次元　13
いざなみ景気　78
意志決定能力　39
イデオロギー　98
インターンシップ　39
営利の追求　67
エリクソン心理社会的発達調査票
　121
親子関係　19

か

カーリング型　56
学問　29
勝ち組　75
滑走期　15
過度の受験競争　43
完成期　15
危機　100
起業　116
企業家的創造性　116
キャリア　1
　──企業──　69
　──（支援）センター　110
　──アンカー　114
　──介入　13
　──教育（進路指導）　19
　──科目　111
　大学での──　109
　──質問　12
　──デザイン　114
　──の定着　50
　──発達　87
　　──発達の捉え方　87
　──プラン　114
　──問題　13
給料カット　75
教育の機会均等　75
教育への投資　75
ギンズバーグの理論　1
空虚感　120
経営コンピテンス　115
景気回復　75
経験を生かす　29
経済のグローバル化　67
子どもの退学や休学の問題　70
雇用環境　127

さ

サビカスの理論　11
サブプライムローン問題　65
資格至上主義　49
時間的展望　118
自己
　──吟味の欠落　43
　──効力　95
　──の価値観や信念の吟味　29
　──分化段階　8
　──分析　115
仕事優先　125

131

索　引

「7・5・3」現象　109
社会的羊膜段階　7
社会に対する貢献　67
充実期　15
就職
　　──売り手市場　79
　　──活動　48
　　──市場の逼迫　110
　　──相談室　110
　　──氷河期　53
終身雇用　67
充電期　15
少子化傾向　47
情報活用能力　36
将来
　　──設計能力　36
　　──の目標　118
　　──への希望　120
職業　98
　　──アイデンティティ　98
　　──キャリア関心性　97
　　──キャリア計画性　97
　　──キャリア自律性　97
　　──決定　90
　　──的発達に関する12の命題
　　　　3
　　──未決定　90
　　──尺度　87
職場体験　39
新規採用抑制　126
人生経験　29
新入社員の未定着　56
新入社員の離職の理由　57
心理
　　──・社会的発達理論　6
　　──・社会的モラトリアム　28
　　──歴史論　83
進路
　　──選択に対する自己効力尺度
　　　　93
　　──について考える　29
　　──不決断尺度　90
スーパーの理論　3
成果主義　67
生活保護世帯　76
正社員　59
青少年の自立と親子関係　20
成人キャリア成熟尺度　95
セーフティネット　70
積極的関与　102
　　──段階　9
専門学校　51
　　──化する大学　50
専門コンピテンス　114
早期離職　33,114
早産型　102
組織との一体感　67

た

大学院進学率の上昇　110
対処行動　13
態度と信念　13
大不況　65
他者に自分を語る　29
チャレンジ　115
チャンスを待つ力の欠如　60
転職　126
読書　29
独立段階　9

な

内定取り消し　70
仲間集団の意義　24
ニートの増加　33
日本型の雇用形態　67
日本社会の将来展望　126
人間関係形成能力　36
年功賃金　67

年長フリーター　53

は
ハーシェンソンの理論　6
バブル景気　56
バブル崩壊　59
ハローワーク　59
非正社員　59
　——の雇止め　66
広井の理論　10
頻繁な志望変更　46
フリーター　52
　若年フリーター　53
　——志向　33,52

ま
マーシャの方法論　98

面接法　98
モラトリアム　28
　——型　102
　——の活用　19, 29
モラル・マナーの問題　61
モラルの崩壊状態　63

や・ら
友情と恋愛　29
友人関係・仲間集団　19
友人関係の意義　23
有能性段階　8
リストラ　52
　親の——　70
両親の期待　102
離陸期　15

人名索引

C
Coleman, J.　25

E
Erikson, E. H.　6-9, 23, 24, 28, 82, 83, 121

G
Gandhi, M.　82
Ginzberg, E.　1-3, 6, 11
Golky, M.　82
Grolnick, W. S.　20

H
林未央　44
Hendry, L.　25
Hershenson, D. E.　1, 6-9

広井　甫　10, 11
Hitler, A.　82
堀越　弘　11, 12

I
Ingham, G. F.　27

J
Jefferson, T.　82

K
上地安昭　26
Koesther, R.　25
高坂康雄　20

L
Losier, G. F.　25

索　引

Luther, M.　　82

M
Marcia, J. E.　　98, 100
Miller, P. M.　　27
宮下一博　　23, 24, 28, 31, 103, 116

N
中西信男　　121-125
内藤勇次　　2, 4

O
落合良行　　26
Ochiltree, G.　　19
小川一夫　　20
岡本祐子　　20, 21
岡本清孝　　26

R
鑪幹八郎　　7, 100, 101
Roosevelt, F.　　82
Ryan, R. M.　　20

S
坂柳恒夫　　95
佐藤有耕　　26
Savickas, M. L.　　1, 11-13
仙崎　武　　32
清水和秋　　90
下山晴彦　　87
白井利明　　47
杉村和美　　28, 29, 30, 116
Super, D.E.　　1, 3, 4, 5, 6, 11

T
田中宏二　　20
戸田弘二　　20
都筑　学　　118-121
塚野州一　　19

U
浦上昌則　　93

Y
柳井　修　　10

著者紹介
宮下一博（みやした・かずひろ）
1981 年　広島大学大学院教育学研究科博士課程後期中退
現　在　千葉大学教育学部教授
専　攻　青年心理学・発達心理学
主著に『アイデンティティ研究の展望（既刊 6 巻 7 冊）』（共編著　ナカニシヤ出版　1984-2002 年）
　　　『もろい青少年の心』（共編著　北大路書房　2004 年）
　　　『さまよえる青少年の心』（共編著　北大路書房　2004 年）
　　　『大学生の自己分析』（共著　ナカニシヤ出版　2008 年）
　　　『ようこそ！　青年心理学』（監修　ナカニシヤ出版　2009 年）
　　　ほか

大学生のキャリア発達
未来に向かって歩む

2010 年 10 月 1 日　初版第 1 刷発行　（定価はカヴァーに表示してあります）

　　　　　　　　　著　者　宮下一博
　　　　　　　　　発行者　中西健夫
　　　　　　　　　発行所　株式会社ナカニシヤ出版
　　　　〒606-8161　京都市左京区一乗寺木ノ本町 15 番地
　　　　　　　　　　　Telephone　075-723-0111
　　　　　　　　　　　Facsimile　075-723-0095
　　　　　　　　Website　http://www.nakanishiya.co.jp/
　　　　　　　　E-mail　iihon-ippai@nakanishiya.co.jp
　　　　　　　　　　　郵便振替　01030-0-13128

装幀＝白沢　正／印刷・製本＝ファインワークス
Printed in Japan.
Copyright©2010 by K. Miyashita
ISBN978-4-7795-0410-5

大学生の自己分析 いまだ見えぬアイデンティティに突然気づくために 宮下一博・杉村和美 著	現代を生きるのに，なにがとりわけ困難になっているのか。発達における「関係性」を重視したエリクソン理論をもとに自己分析を行うことで，青年自身が将来への展望を拓く。これがアイデンティティだったのか！とはっと気づく瞬間がおとずれるはず。　A5変型判　155頁　1575円
キャリアを磨く学生のための生活百科 入学から就職まで 村井　雄・為田英一郎・ 神田秀一・河野　裕 著	現代の大学生に欠かせない新しい常識とは？　講義の予復習だけが勉強じゃない，内定だけが目標じゃない，社会に疎くちゃ学生じゃない！　友人付き合いから礼儀作法まで，今日から実践できる具体的知識の数々。理想の自分を追求する全学生必携。　A5変型判　156頁　1680円
キャリア・パスウェイ 仕事・生き方の道しるべ N. E. アムンドソン & G. R. ポーネル 著 河﨑智恵 監訳	カナダを始め世界5ヶ国で翻訳され広く使われているキャリアプログラム待望の翻訳。自分が何をしたいのか，個人と労働市場という両側面をふまえてつくられたワークシートに書き込みながらキャリア情報を統合し，目標を達成させる革新的なプログラム。　B5判　104頁　2100円
実践　キャリアデザイン 高校・専門学校・大学 生駒俊樹 編著	進学のみで終わらない高校の進路指導，あまり実情が知られていない専門学校の取組，全大学でキャリア教育が義務化されるなかですでにその実績をあげている大学の取組から探る，社会的・職業的自立のエッセンス。 　　　　　　　　四六判　162頁　2100円
新版　キャリアの心理学 キャリア支援への発達的アプローチ 渡辺三枝子 編著	キャリア・カウンセリングの基盤となるキャリア発達の理論を，代表的研究者を取り上げて解説。改訂にあたり，理解の前提となる心理学の基礎的概念の解説を加え，さらにサビカスと新しい潮流を紹介する2章を新たに設けた。 　　　　　　　　四六判　240頁　2100円
女性プロフェッショナルたちから学ぶキャリア形成 キャリア転機の見つけ方と活かし方 渡辺三枝子・永井裕久 編	彼女たちはなぜ，困難に直面しながらも，生き生きと独創的な生き方ができるのか？　雇用形態の多様化など多くの変化が予想される新たな時代でも，いかに自分らしい生き方の構築ができるのか，7人のライフストーリーから探る。 　　　　　　　　A5判　208頁　2625円

表示の価格は税込価格です（2010年10月現在）。

自律的人材になるための キャリア・マネジメントの極意 船引英子 著	自分で目標を設定し，モチベーションを高めて行動する「自律的人材」になろう！ 3つのモチベーション・タイプ別にその最適な方法を，コンサルタントが分かりやすく解説します。 四六判　224頁　2310円
1億人のための 心のオシャレ人生設計 心理学からのアドバイス 渡辺利夫 著	悩める大学生のために。能力を最大限伸ばせるよう情報を手に入れ，心理学を活かしてオシャレな心を持った生き方のできる人生計画をたてよう！ 四六判　160頁　1680円
大学生の進路選択と 時間的展望 縦断的調査にもとづく検討 都筑　学 著	青年期に，進路選択行動はどのような影響を与えているのか。大学在学中から卒業後までの縦断的調査により，進路希望・進路選択の準備・進路決定という一連の過程を明らかにする。 A5判　188頁　5775円
ようこそ！青年心理学 若者たちは何処から来て何処へ行くのか 宮下一博 監修 松島公望・橋本広信 編	将来への悩み，生きることへの疑問，光と闇にゆれる多彩な青年の想いに，心理学はどうこたえるか？ 蓄積された，また，最新の青年心理学の基礎知識を学び，ワークで自分に向きあおう。著者から青年へのメッセージにも注目。 B5判　200頁　2625円
大学生の友人関係論 友だちづくりのヒント 吉岡和子・髙橋紀子 編	ネット上の仲間が何でも応えてくれる時代でも，いまいちどリアルな人間関係を見直そう！　距離感が難しい？　自分が出せない？　一筋縄ではいかない友人関係を，距離・自分らしさ・居場所・役割・ひとりをキーワードに考える。 A5変型判　148頁　1575円
大学におけるキャリア教育の実践 10年支援プログラムの到達点と課題 小樽商科大学地域研究会 編	今，真価の問われる大学におけるキャリア教育の実践。本書では入学前3年間―大学4年間―卒業後3年間という長期にわたり学生のキャリア形成を支援した独創的なキャリア教育プログラムの全貌を紹介する。 A5判　188頁　2625円